Pilze,

wie man sie anbaut;

Eine praktische Abhandlung über Pilzkultur für Profit und Vergnügen

William Falconer

Writat

Diese Ausgabe erschien im Jahr 2024

ISBN: 9789359949161

Herausgegeben von
Writat
E-Mail: info@writat.com

Inhalt

VORWORT

Pilze und ihr umfangreicher und profitabler Anbau sollten jeden interessieren. Für den Eigenbedarf sind sie ein gesundes und wertvolles Nahrungsmittel, und für den Markt sind sie, wenn sie erfolgreich angebaut werden, eine äußerst profitable Ernte. In Amerika haben wir den besten Markt der Welt für frische Pilze; die Nachfrage nach ihnen steigt und das Angebot war schon immer unzureichend. Der Preis dafür ist hier mehr als doppelt so hoch wie in jedem anderen Land, und wir haben keine Angst vor ausländischer Konkurrenz, denn alle bisherigen Versuche, frische Pilze aus Europa zu importieren, waren erfolglos.

Im wohlhabendsten und fortschrittlichsten aller Länder mit einer Bevölkerung von fast siebzig Millionen Menschen, die auf jedes profitable, legitime Geschäft achten, ist der Pilzanbau, einer der einfachsten und einträglichsten Wirtschaftszweige, nahezu unbekannt. Der Marktzüchter, der bereits Pilze anbaut, weiß seine Situation zu schätzen und verheimlicht seine Anbaumethoden eifrig vor der Öffentlichkeit. Dies weckt nur Interesse und Neugier, und den Menschen wird bewusst, dass mit Pilzen Geld zu verdienen ist, und es besteht eine ernsthafte Nachfrage nach Informationen über den Anbau dieser Pilze.

Pilze zu züchten ist für fast jeden möglich. Gute Materialien und sorgfältige Beachtung aller praktischen Details sollten gute Erträge bringen. Es ist eine Branche, in der Frauen und Kinder ebenso tätig sein können wie Männer. Sie bietet im Winter Arbeitsplätze im Haus und erfordert kaum harte Arbeit. Sie kann fast jedem anderen Gewerbe untergeordnet werden und sogar als Freizeitbeschäftigung und als Einnahmequelle dienen.

In diesem Buch habe ich versucht, die besten Methoden so deutlich wie möglich darzustellen, auch auf die Gefahr hin, mich zu wiederholen. Die hier dargestellten Fakten sind das Ergebnis meiner eigenen praktischen Erfahrung und Beobachtung sowie meiner Erkenntnisse aus umfangreicher Lektüre, Reisen und Korrespondenz.

Ich bin Herrn Charles A. Dana, dem Besitzer der Dosoris-Pilzkellerei und des Anwesens, sehr dankbar für die Gelegenheit, dieses Buch vorzubereiten. Seit acht Jahren stellt er mir uneingeschränkt alles zur Verfügung, um Pilze nach meinen Wünschen zu züchten und nach Herzenslust zu experimentieren.

Herrn William Robinson, dem Herausgeber von „*The Garden*", *London, bin ich besonders für viele freundliche Grüße zu Dank verpflichtet – die Erlaubnis, aus „The Garden", „Parks and Gardens of Paris" und seinen anderen Werken* zu zitieren und die Kapitel in diesem Buch zu illustrieren Pilzzucht in den Londoner

Gärtnereien und den Pariser Höhlen, mit den originalen wunderschönen Tafeln aus seinen eigenen Büchern.

Die Rezepte im Kapitel über das Kochen von Pilzen, mit Ausnahme derjenigen, die Frau Ammersley für dieses Werk vorbereitet hat, basieren zwar auf denen von Herrn Robinson, wurden jedoch von mir erheblich modifiziert und wiederholt in meiner eigenen Familie verwendet.

Mein Dank gilt auch Herrn John F. Barter aus London, dem größten Pilzzüchter Englands, für die Informationen, die er mir über sein Anbausystem gegeben hat; an Herrn John G. Gardner aus Jobstown, NJ, einen der bekanntesten Marktzüchter dieses Landes, für die Einrichtungen, die es mir ermöglichten, seine Methode der Pilzzucht zu untersuchen; und an die Herren AH Withington, Samuel Henshaw, George Grant, John Cullen und andere erfolgreiche Züchter für ihre freundlicherweise geleistete Unterstützung.

WILLIAM FALCONER.

DOSORIS , LI, 1891.

KAPITEL I.

Diejenigen, die Pilze anbauen sollten.

Gärtner. – Der Pilz ist ein hochgeschätztes Nahrungsmittel, das ebenso leicht angebaut werden kann wie viele andere pflanzliche Produkte des Bodens – und mit ebenso viel Vergnügen und Gewinn. Im Folgenden wird insbesondere gezeigt, dass diese besondere Pflanze besonders gut an die Bedingungen angepasst ist, die viele Personengruppen umgeben und bei denen der Pilz zu einer Standarderne für den Hausgebrauch, den Stadtmarkt oder beides werden könnte. Es liegt direkt in ihrem Geschäftszweig; ist eine Winterpflanze, die ihre Pflege erfordert, wenn der Außenbetrieb stillsteht, und sie können sich am besten um die Pilzzucht kümmern. Sie haben den Dünger, den sie für ihre anderen Kulturen benötigen, und können ihn möglicherweise zuerst für eine Pilzernte verwenden. Nachdem er eine Pilzernte getragen hat, ist er gründlich verfault und in einem guten Zustand für die Frühjahrsernte; und für Saatbeete von Tomaten, Salat, Kohl, Blumenkohl und anderem Gemüse ist es die beste Düngerart.

Vor Jahren wurde der Gemüseanbau in der Nähe von New York im Winter eher unsystematisch betrieben, und das Angebot an Salaten und anderen Treibgemüsen war begrenzt und wurde meist in Mistbeeten und anderen Beeten angebaut, und die Preise waren hoch. In den letzten Jahren wurden unsere Märkte im Winter jedoch so großzügig aus den Südstaaten beliefert, dass unsere Gemüsegärtner, um sich zu retten, gezwungen waren, in ihrem Geschäft einen neuen Weg einzuschlagen und auf die Winterbeete zugunsten von Gewächshäusern zu verzichten und Pflanzen anzubauen, die viele von ihnen vorher nicht angebaut hatten. Diese Gewächshäuser sind meist lange, breite (18 bis 20 Fuß), niedrige, walmgedeckte (30°) Konstruktionen. In den meisten von ihnen werden die Salatbeete auf dem Boden angelegt und die Wege sind ein wenig abgesenkt, um beim Gehen und Arbeiten Kopffreiheit zu bieten. Andere dieser Gewächshäuser sind etwas höher gebaut und in ihnen sind Mittel- und Seitenbänke aufgestellt, wie im Fall von Gewächshäusern für Floristen, und mit der Absicht, auf diesen Bänken Salatpflanzen anzubauen, wie Floristen Nelken und Pilze unter den Bänken anbauen. Die Pilze werden durch eine Abdeckung aus leichten Brettern oder Heu vor Sonnenlicht geschützt, oder der Raum unter den Bänken wird mit hölzernen Fensterläden schrankartig abgeschlossen. Die Temperatur ist für Pilze sehr günstig – konstant und mäßig kühl, was durch das Abdecken der Beete leicht ausgeglichen werden kann; und die Luftfeuchtigkeit in einem Salathaus ist für Pilze gerade richtig. In einem solchen Haus kann die Tagestemperatur bei Sonnenschein im Winter auf 65° oder 70° ansteigen, aber eine künstliche Nachttemperatur von nur 45° bis 50° wird aufrechterhalten. Unter diesen Bedingungen sollten die Beete mit einer Dicke von etwa 15 Zoll zwei oder drei Monate lang, möglicherweise länger, eine gute Ernte kurzstieliger, kräftiger Pilze liefern.

Neben dem Anbau der Pilze in Gewächshäusern legen unsere Gemüsegärtner großen Wert auf den Anbau in Kellern. Einige dieser Keller sind gewöhnliche Scheunenkeller, andere – groß und geräumig – wurden speziell für die Pilzzucht unter Scheunen und Gewächshäusern gebaut. Mehrere dieser Pilzkeller befinden sich auf Long Island zwischen Jamaika und Woodhaven.

Floristen. —Mitten im Winter ist die Schnittblumensaison auf ihrem Höhepunkt und der Florist versucht, mit seinen Gewächshäusern so viel Geld zu verdienen, wie er nur kann; Jeder verfügbare Zentimeter der dem Licht ausgesetzten Fläche wird von wachsenden Pflanzen eingenommen, und unter den Bänken entlang der Wege werden Dahlien, Cannas, Kaladien und andere Knollen und Blumenzwiebeln gelagert, außerdem Efeu, Palmen, Sukkulenten und dergleichen. Damit die Pflanzen dem Sonnenlicht besser ausgesetzt sind, werden sie auf über dem Boden erhöhten Bänken wachsen gelassen, um sie in die Nähe des Glases zu bringen; und das Gewächshaus scheint überfüllt zu sein. Aber hier haben wir das beste Pilzhaus. Der Raum unter den Bänken, der für andere Zwecke nahezu nutzlos ist, eignet sich hervorragend für Pilzbeete, und die Wärme und Feuchtigkeit des Gewächshauses sind außerordentlich angenehme Bedingungen für die Pilzzucht. Floristen brauchen den Lehm und den Mist sowieso, und diese eignen sich nach der Verwendung in den Pilzbeeten genauso gut für Topfzwecke – besser für Jungtiere – als zuvor, so dass die zusätzlichen Kosten im Zusammenhang mit der Ernte der Arbeitsaufwand sind Herstellung der Beete und der Preis des Laichs. Pilze sind keine Massenpflanze; Sie benötigen im Sommer weder Platz noch Pflege, sind einfach anzubauen, zu handhaben und zu vermarkten und es besteht immer eine Nachfrage nach ihnen zu einem guten Preis. Wenn die Ernte gut ausfällt, ist sie fast ausschließlich Gewinn; Wenn es sich um einen völligen Ausfall handelt, geht sehr wenig verloren, und es muss sich um einen schwerwiegenden Ausfall handeln, der nicht genug Ertrag bringt, um die Kosten zu decken. Warum sollte sich der Florist im Gewächshaus auf eine Ernte nach der anderen beschränken, wenn er dort genauso gut gleichzeitig zwei Kulturen anbauen kann, die beide profitabel sind? Er kann seine Rosen auf den Bänken und Pilze unter den Bänken haben, und keiner stört den anderen. Nehmen wir eine sehr niedrige Schätzung: Machen Sie in einem 30 Meter langen Gewächshaus ein 1,5 Meter breites Pilzbeet unter der Hauptbank. Das ergibt 500 Quadratfuß Beet, und ein halbes Pfund pro Fuß ergibt 250 Pfund Pilze, die bei einem Nettoverkaufspreis von 50 Cent pro Pfund 125 Dollar einbringen. Diesen Betrag hätte der Florist ohne den Anbau der Pilze nicht realisiert.

Private Gärtner. „Es gehört zu ihren Routineaufgaben, und der Erfolg im Pilzanbau ist für sie selbst ebenso befriedigend wie für ihre Arbeitgeber. Frische Pilze sind ebenso wie gute Früchte und schöne Blumen ein Produkt des Gartens, das immer akzeptabel ist. Eine der größten Freuden eines großen Gartens und eines Gärtners besteht darin, anderen einen Teil der erlesensten Gartenprodukte schenken zu können.

In den meisten anspruchsvollen Gärten gibt es ein richtiges Pilzhaus, und der Pilzanbau ist eine einfache Angelegenheit; in anderen gibt es diese Möglichkeit nicht, und der Gärtner muss sich auf seine eigene Einfallsreichtum verlassen, wo und wie er die Pilze anbauen will. Aber solange er reichlich frischen Dünger hat, findet er normalerweise einen Platz, an dem er die Beete anlegen kann. Im Geräteschuppen, im Blumenschuppen, im Holzschuppen, im Heizraum, im Obstraum, im Gemüsekeller oder in einem anderen Nebengebäude findet er sicher eine Ecke; oder, noch praktischer, einen geeigneten Raum unter den Gewächshausbänken, wo er einige Beete anlegen kann. Wenn all dies nicht möglich ist, kann er im August oder September anfangen und draußen Beete anlegen, wie es die Londoner Gemüsegärtner tun.

In Obst- und Weinbauhäusern, insbesondere in Frühweinkellern, haben Gärtner ein Vorurteil gegen den Anbau anderer Pflanzen als Weinreben, da sie befürchten, dass mit den Pflanzen rote Spinnen, Thripse oder Schmierläuse eingeschleppt werden. Bei Pilzen sind solche Gründe jedoch nicht haltbar. Da die Reben bis zum Hochsommer Früchte getragen und ihr Holz früh gereift haben, sodass sie im Dezember oder Januar wieder mit dem Wachstum beginnen können, wird der Weinbauhaus im Herbst und frühen Winter kühl und belüftet gehalten, was jedoch die Pilzernte nicht beeinträchtigen muss. Verpacken Sie die Beete in Kisten oder legen Sie sie in Rahmen im Weinbauhaus an. Der warme Dünger bietet den Pilzen genügend Wärme, bis es Zeit ist, mit den Reben zu beginnen. Dann kommen die Pilze aufgrund der abnehmenden Wärme in den Düngerbeeten von der erhöhten Temperatur und Feuchtigkeit im Haus profitieren. Die Pilze haben keinerlei schädliche Wirkung auf die Reben und die Reben haben auch keine schädliche Wirkung auf die Pilze.

Dorfbewohner und Vorstadtbewohner. — Wer Pferde hält, sollte zumindest Pilze für den Eigenbedarf und, falls nötig, auch für den Markt anbauen. Sie lassen sich so leicht züchten und brauchen so wenig Platz, dass sie sich besonders für diejenigen empfehlen, die nur ein Dorf- oder Vorstadtgrundstück und eigentlich nur eine Scheune haben. Und sie sind keine Ernte, für die wir große Vorbereitungen treffen und eine große Menge Dünger benötigen. Egal, wie klein das Beet auch sein mag, es wird Pilze tragen; und wenn wir möchten, können wir das Beet Woche für Woche erweitern, wenn unser Düngervorrat zunimmt, und auf diese Weise eine kontinuierliche Pilzproduktion aufrechterhalten. Ein Beet kann im Kuhstall oder Pferdestall, im Kutschenhaus, im Scheunenkeller, im Holzschuppen oder im Hauskeller angelegt werden; oder wenn wir nirgendwo viel Platz übrig haben, können wir ein Beet in einer großen Kiste anlegen und es dorthin bringen, wo es am wenigsten stört. Aber der beste Ort ist vielleicht der Keller. Eine leere Box in einem Pferdestall ist ein großartiger Ort und bietet nicht nur Platz für ein großes Bett auf dem Boden, sondern auch für ein Hochbett.

Bauern. —Niemand kann Pilze besser und wirtschaftlicher anbauen als der Bauer. Den Kellerraum, den frischen Mist und den Lehm hat er schon zu Hause, und er braucht nur noch etwas Laich, mit dem er die Beete bepflanzen kann. Nichts geht verloren. Nachdem der Mist in Pilzbeeten verwendet wurde, ist seine Fruchtbarkeit nicht erschöpft, sondern er ist gut verrottet und in einem besseren Zustand, um auf dem Land ausgebracht zu werden, als er vor der Vorbereitung für die Pilzernte war. Der Bauer wird die geringe Arbeit, die dafür nötig ist, nicht spüren. Damit ist überhaupt kein Geheimnis verbunden, und für den Erfolg sind keine qualifizierten Arbeitskräfte erforderlich. Der einfachste Landarbeiter kann die Arbeit erledigen, die darin besteht, den Mist etwa drei Wochen lang alle ein bis zwei Tage umzudrehen, ihn dann zu einem Beet zu bauen und ihn zu laichen und zu formen. Fast die gesamte Arbeit für die nächsten zehn bis zwölf Wochen besteht darin, eine gleichmäßige Temperatur aufrechtzuerhalten und die Ernte zu sammeln und zu vermarkten.

Viele Frauen suchen nach einer lukrativen und angenehmen Beschäftigung auf dem Bauernhof, und was könnte für sie interessanter, angenehmer und profitabler sein als der Pilzanbau? Nachdem der Bauer das Pilzbeet angelegt hat, kann seine Frau oder Tochter sich um dessen Pflege kümmern, ohne dass ihre Zeit dafür in Anspruch genommen wird und ohne dass ihre anderen häuslichen Pflichten beeinträchtigt werden. Und es ist saubere Arbeit; es gibt nichts Niederträchtiges daran. Keine Frau auf dem Land würde zögern, Pilze auf den offenen Feldern zu sammeln, wie viel weniger sollte sie dann zögern, die frischen Pilze aus den sauberen Beeten in ihrem eigenen sauberen Keller zu sammeln? Pilze sind eine Winterernte; sie kommen, wenn wir sie am meisten brauchen. Das Angebot an Eiern ist im Winter begrenzt genug und das Taschengeld oft entsprechend knapp; aber da den ganzen Winter über eine unersättliche Marktnachfrage nach Pilzen zu guten Preisen besteht, muss sich keine Bäuerin darum kümmern, ob die Hühner zu Weihnachten Eier legen oder nicht. Wenn der Pilzanbau intelligent betrieben wird, lässt sich damit mehr Geld verdienen als mit Hühnern und das bei weniger Aufwand.

KAPITEL II.

Unterirdische Keller. — Pilze benötigen eine gleichmäßige, mäßig niedrige Temperatur und eine feuchte Atmosphäre und gedeihen nicht, wenn Zugluft oder plötzliche Temperatur- oder Feuchtigkeitsschwankungen herrschen. Daher ist ein unterirdischer Keller das beste Gebäude, um Pilze zu züchten. Der Keller ist jedermanns Pilzhaus.

Keller befinden sich unter Wohnhäusern, Scheunen und oft auch unter anderen Nebengebäuden. Diese Keller sind für den häuslichen Gebrauch unerlässlich, da sie Äpfel, Kartoffeln und andere Hackfrüchte sowie verderbliche Produkte lagern. und für diese Zwecke müssen wir sie frostsicher und trocken machen. Diese Keller sind ideale Pilzhäuser, und jeder, der einen guten Keller hat, kann darin Pilze züchten. Tatsächlich finden es unsere Gemüsegärtner, die mit Pilzen Geld verdienen, dass es sich lohnt, Keller auszugraben und zu bauen, die ausschließlich für den Pilzanbau bestimmt sind. Tatsächlich haben einige unserer Gemüsegärtner, die noch nie einen Pilz gezüchtet oder gesehen haben, aber genau wissen, dass einige ihrer Nachbarn mit diesem Geschäft Geld verdienen, instinktiv das Gefühl, dass der erste Schritt beim Pilzanbau ein Keller ist. Es ist fast unglaublich, wie heimlich die Marktzüchter alles, was mit der Pilzzucht zusammenhängt, vor der Außenwelt und sogar voreinander schützen; Tatsächlich waren in einigen Fällen ihre Nachbarn und lebenslangen intimen Freunde noch nie in ihren Pilzkellern.

Wenn ein Keller ausschließlich dem Pilzanbau gewidmet ist, sollte er mit Doppelfenstern und Doppeltüren so warm wie möglich gemacht werden, wenn der Eingang von außen ist, aber wenn er von einem anderen Gebäude kommt, genügen Einzeltüren. Ein kaminartiger Schacht oder Schächte, die von der Decke aufragen, sollten im Winter als Entlüftung verwendet werden, wenn wir nicht durch Türen oder Fenster lüften können; tatsächlich ist eine seitliche Belüftung zu jeder Zeit, wenn die Beete in tragendem Zustand sind, ziemlich prekär. Es sollte einen Innenzugang zum Keller geben, beispielsweise über eine Treppe vom darüberliegenden Gebäude. Auch ein einfacher Weg, um frisches Material für die Beete hereinzubringen und das verbrauchte Material zu entfernen. Dies wird vielleicht am besten durch eine Tür erreicht, die nach außen öffnet, oder eine mäßig große Tür vom darüberliegenden Gebäude.

ABB. 1. PILZKELLER UNTER EINER SCHEUNE.

Die Innenaufteilung des Kellers ist Sache des Erzeugers, aber am einfachsten ist es, Beete mit einer Breite von drei oder vier Fuß an der Innenseite der Wände und sechs Fuß breiten Beeten anzulegen, zwischen denen parallel in der Mitte des Kellers zwei oder zweieinhalb Fuß breite Wege verlaufen. Über diesen Bodenbeeten können je nach Kellerhöhe Regalbeete in Reihen von einem, zwei oder drei angelegt werden, wobei zwischen dem Boden eines Beets und dem Boden des nächsten immer ein Abstand von zweieinhalb oder drei Fuß gelassen werden muss. Dies ist sehr wichtig, damit die Beete angelegt und gepflegt, die Ernte eingebracht und die Beete geleert werden können, wenn sie erschöpft sind.

Es sollte auch Vorsorge für die künstliche Beheizung dieser Keller getroffen werden und Platz für die Heizrohre vorhanden sein, wo immer sie verlaufen. Wo immer jedoch Feuerwärme zum Heizen dieser Keller verwendet wird, sollte der Ofen selbst, wenn möglich, durch eine dünne Ziegelwand vom Hauptkeller abgetrennt und nur die Rohre eingeführt werden. Dadurch werden Staub und schädliche Gase vermieden und die sengende Hitze abgemildert.

In einem gemütlichen, warmen Keller ist künstliche Wärme jedoch nicht unbedingt erforderlich. Wir können in einem solchen Keller ohne Ofenwärme hervorragende Pilzernten züchten, indem wir einfach mehr Material für die Beete verwenden – genug, um lange Zeit eine gleichmäßige Wärme aufrechtzuerhalten. Aber das ist, wohlgemerkt, eine Verschwendung von Material, denn in einem zwei Fuß dicken Beet können nicht mehr Pilze gezüchtet werden als in einem einen Fuß dicken. In einem ungeheizten Keller wachsen die Pilze groß und kräftig, aber sie wachsen nicht so schnell und in so großer Zahl wie in einem beheizten. Und ein wenig künstliche Wärme vertreibt die kalte, rohe, feuchte Luft, die einem überfüllten Keller im Winter eigen ist, und reinigt die Atmosphäre, indem sie die Belüftung verbessert.

Anstatt Kastenbeete zu verwenden, breiten manche Winzer die Beete über den gesamten Kellerboden aus und lassen keinerlei Wege frei, sondern verwenden stattdessen Trittbretter oder erhöhte Wege. In diesen Fällen werden natürlich keine Schelfbeete verwendet. Andere legen über den gesamten Kellerboden Gratbeete an, wie es die Pariser in den Höhlen tun. Die Grate sind unten zwei Fuß breit, zwei Fuß hoch und oben sechs oder acht Zoll breit, und zwischen ihnen befindet sich ein Fußgang. Auch hier werden keine Gratbeete verwendet.

Eines der Hauptprobleme bei Pilzkellern mit Flachdach ist das Tropfen der kondensierten Feuchtigkeit, die von den Beeten aufsteigt. Dies ist in ungeheizten Kellern deutlicher als in beheizten – die Feuchtigkeit sammelt sich an der Decke und tropft, da sie kein Gefälle zum Abfließen hat, wieder herunter. Über Λ wiseden oberen Beeten gespanntes Ölpapier oder Kattun schützt sie perfekt; was auch immer auf die Gänge oder den Boden fällt, richtet keinen Schaden an.

In jedem anderen Außenkeller, ebenso wie in einem, der vollständig diesem Zweck dient, können wir Beete anlegen und gute Pilze züchten. Mr. James Vick erzählte mir, dass er auf seiner Saatgutfarm in der Nähe von Rochester im Winter viele Pilze in seinen Kartoffelkellern züchtet; und das kann jeder an ähnlichen Orten. Mr. John Cullen aus South Bethlehem, Pennsylvania, ein sehr erfolgreicher Züchter, erzählte mir, dass sein derzeitiger Pilzkeller früher eine große unterirdische Zisterne war, aber mit ein paar Reparaturen und dem Öffnen eines Durchgangs von einem benachbarten Keller aus hat er ihn in einen ausgezeichneten Keller für Pilze verwandelt, und die riesigen Ernten, die ich in dieser Höhle der völligen Dunkelheit gesehen habe, rechtfertigen sicherlich seine gute Meinung davon.

Im Wohnhaus. — Der Keller eines Wohnhauses ist ein hervorragender Ort für Pilzbeete und kann ganz oder teilweise für diesen Zweck genutzt werden. Im Falle von Privatfamilien, die nur für den Eigenbedarf ein paar Pilze züchten möchten, ist es nicht notwendig, einen ganzen Keller dafür zu reservieren; trennen Sie einfach einen Teil davon mit Brettern ab und legen Sie die Beete dort an. Oder legen Sie irgendwo neben der Wand ein Beet an und sperren Sie es ein, um es vor Kälte und Zugluft sowie Mäusen und Ratten zu schützen. Sie können darüber Regale für den Hausgebrauch anbringen, genau wie Sie es in jedem anderen Teil des Kellers tun würden. Bedenken Sie, dass Pilze bei einer Lufttemperatur von 10 bis 15 °C am besten gedeihen, und wenn Sie ihnen diese Temperatur in Ihrem Hauskeller bieten können, sollten Sie viele gute Pilze bekommen. Wenn jedoch eine so hohe

Temperatur nicht aufrechterhalten werden kann, ohne die Nutzbarkeit des Kellers für andere Zwecke zu beeinträchtigen, schließen Sie die Beete fest in Kisten ein. Die Wärme der so eingeschlossenen Beete selbst bietet den Pilzen in der Regel ausreichend Wärme. Wenn dies nicht möglich ist, breiten Sie ein Stück alten Teppichs oder einer Matte über die Kiste.

Die Betten können auf dem Boden flach oder geriffelt oder an die Wand gestellt werden, zehn bis zwölf Zoll tief in einem warmen Keller und fünfzehn bis zwanzig Zoll oder mehr tief in einem kühlen Keller und etwa drei Fuß breit jede Länge passend.

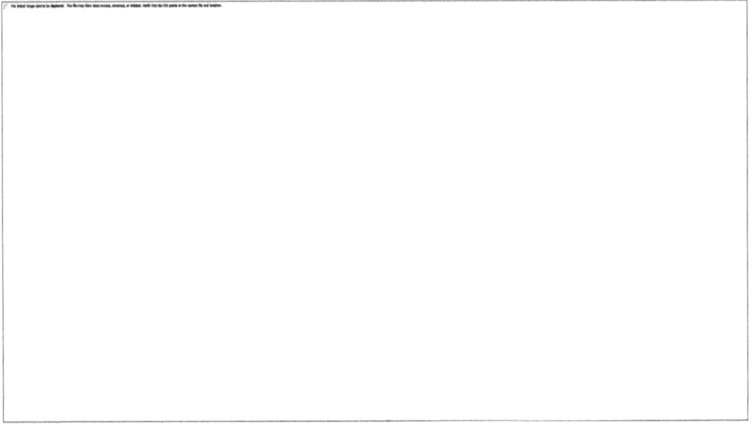

ABB. 2. VERPACKTER RAHMEN MIT STROHABDECKUNG.

Die Box kann aus Brettern aller Art für die Seiten und Enden bestehen und etwa 15 bis 25 cm höher als die Oberseite der Beete gebaut werden, um den Pilzen genügend Kopffreiheit zu geben. Die Oberseite der Box kann ein Deckel sein, der an Scharnieren oder Riemen hängt oder anderweitig so angebracht ist, dass er nach Belieben leicht angehoben oder entfernt werden kann. Er kann aus leichtem Holz, beispielsweise 1,25 cm dicken Brettern, bestehen. Auf diese Weise können die Pilze durch Öffnen des Deckels beobachtet und ohne Probleme geerntet werden. Wenn der Deckel geschlossen ist, sind sie vor Kälte und Ungeziefer geschützt. So geschützt können die Keller belüftet werden, ohne das Wohlergehen der Pilze zu beeinträchtigen. Ein leichter Holzrahmen, der mit Kaliko oder geöltem Papier bedeckt ist, wäre ebenfalls ein guter Deckel für die Box, allerdings wäre er nicht gegen starke Kälte oder Ratten oder Mäuse geschützt. Falls gewünscht, könnten in warmen Kellern Regalbeete über den Bodenbeeten gebaut werden, aber in kühlen, luftigen Kellern wäre dies nicht ratsam.

Mistbeete im Keller eines Wohnhauses mögen vielen Leuten höchst unpassend erscheinen, aber bei richtiger Handhabung verströmen diese Beete tatsächlich keinen üblen Geruch. Der Mist sollte außerhalb des Hauses zubereitet werden, und wenn er zum Einlegen in Beete bereit ist, kann er dünn ausgebreitet werden, damit er vollkommen kühl und frei von Dampf ist. Wenn er zwei Tage in diesem Zustand gelegen hat, kann er in den Keller gebracht und in Beete eingelegt werden. Da er durch vorherige Zubereitung gut gesüßt wurde, ist er jetzt kühl und frei von Dampf und fast geruchlos; nach ein paar Tagen wird er sich ein wenig erwärmen und kann dann sofort gelaicht und eingegraben werden. Vergraben Sie den Brut nicht im Mist, sondern legen Sie ihn nur auf die Oberfläche des Mistes; so wird der Brut nicht durch zu große Hitze zerstört, falls das Beet zu warm wird. Dies ist bei richtiger Zubereitung des Mistes unwahrscheinlich. Die Lehmschicht verhindert, dass weiterer Dampf oder Geruch aus dem Mist entweicht.

Am 14. Januar letzten Jahres erwähnte Herr W. Robinson, Herausgeber des London *Garden* , in einem Brief an mich den folgenden sehr interessanten Fall der Pilzzucht im Keller eines Wohnhauses: „Ich bin neulich rausgegangen, um nachzuschauen Herr Horace Cox, der Manager der Zeitung *Field* , der in Harrow in der Nähe der berühmten Schule wohnt, wird von einem Warmwassersystem namens Keith's beheizt, und der Heizkessel befindet sich in einer Kammer im Keller Das System interessierte mich und ich ging hinunter, um den Kessel zu besichtigen, der sehr einfach ist und mit Koksabfällen betrieben wird. Ich war jedoch erfreut, dass der gesamte Boden des Raums, der nicht vom Kessel eingenommen wurde, mit kleinen flachen Pilzbeeten bedeckt war Sehr gute Ernte. Um ehrlich zu sein, hatte ich früher befürchtet, dass der Anbau von Pilzen in Wohnhäusern in vielerlei Hinsicht unangenehm sein könnte, da es in der Kammer selbst nicht den geringsten unangenehmen Geruch gibt. kaum einen Fuß hoch und völlig geruchlos, so dass es ganz klar ist, dass man in einem solchen Fall ohne die geringste Beleidigung Pilze in seinem Haus züchten darf.

Mr. Gardners Methode. — Mr. JG Gardner aus Jobstown, NJ, verwendet einen gewöhnlichen Keller, wie ihn jeder Bauer auf dem Land hat, und die wenigen Arbeiten, die unternommen wurden, um die Fenster abzudunkeln und dicht zu machen, damit sie besser für Pilze geeignet sind, kann jeder Bauer mit einer Handsäge, einer Axt, einem Hammer und ein paar Nägeln und einigen Brettern ausführen. Mr. Gardner ist Gemüsegärtner und hat auf seinem eigenen Grundstück nicht die Menge an frischem Dünger, die er für den Pilzanbau benötigt, sondern er kauft ihn, gewöhnlichen Pferdemist, in New York und lässt ihn sich über siebzig Meilen mit der Bahn liefern. Und das zahlt sich aus; und wenn es sich für einen Mann lohnt, Dünger zu einem solchen Preis für den Pilzanbau zu besorgen, wie viel mehr wird der Pilzanbau dann dem Bauer einbringen, der den Keller und den Dünger hat? Mr. Gardner züchtet Pilze, und zwar viele. Als ich ihn im vergangenen November besuchte, versuchte er nicht, irgendetwas über den Anbau vor mir zu verbergen, sondern gab sich besondere Mühe, mir alles über seine

Anbaumethode zu zeigen und zu erklären. Und er versicherte mir, dass man durch die Anwendung einfacher Methoden zur Düngung und „Fixierung" der Ernte und durch Vermeidung aller komplizierten Methoden gute Ernten und ordentliche Gewinne erzielen kann.

Sein Keller ist sechzig Fuß lang, vierundzwanzig Fuß breit und vom Boden bis zur Decke neun Fuß hoch. Der Boden ist aus Erde, aber vollkommen trocken. Er ist gut mit Fensterlüftern und Türen ausgestattet, und in der Decke in der Mitte des Kellers öffnet sich ein hoher Schacht oder kaminartiger Lüfter, der geradewegs durch das Dach darüber führt. Während die Beete angelegt werden, ist eine vollständige Belüftung durch Türen, Fenster und Schächte gewährleistet, aber sobald Anzeichen für Pilzbefall erkennbar sind, werden alle Lüfter außer dem Schacht in der Mitte geschlossen und geschlossen gehalten.

Das Bett nimmt die gesamte Fläche des Kellerbodens ein und wurde an einem Tag aufgebaut. Als Weg ist oben auf dem Bett eine einzelne Reihe Bretter ausgelegt, die der Länge nach in der Mitte des Kellers von der Tür bis zum anderen Ende verlaufen, und hier und da zwischen diesem schmalen Weg und den Wänden auf beiden Seiten ein paar Auf dem Beet werden Schieferstücke ausgelegt, auf die man beim Sammeln der Pilze treten kann. Hier ist das Seltsamste an Mr. Gardners Pilzzucht. Er gibt dem Mist keine vorbereitende Behandlung für die Beete. Er schleppt es vom Wagen in den Keller, breitet es sofort auf dem Boden aus und packt es fest in ein Bett. Beispielsweise kam der Mist einmal am 8. Juli in Jobstown an; Noch am selben Tag wurde es nach Hause geschleppt und das Beet hergerichtet, und in der zweiten Septemberwoche wurden die ersten Pilze aus diesem Beet gesammelt – nur zwei Monate nach dem Zeitpunkt, als der Mist die Ställe in New York oder Jersey City verließ. Das Bett war fünfzehn Zoll dick. Bei der Herstellung wurde der Mist zunächst locker aufgeschüttet, damit er gleichmäßiger verteilt werden konnte, als wenn man ihn in schweren Gabeln ausstreute, und dann wurde er fest mit den Füßen niedergetrampelt. Anschließend wurde das Bett in zwei Hälften geteilt. Auf der einen Hälfte (Nr. 1) wurde sofort eine Schicht von etwas mehr als drei Zoll Lehm über den Mist gelegt; Auf der anderen Hälfte (Nr. 2) wurde zu diesem Zeitpunkt kein Lehm verwendet, sondern der Mist auf der Oberfläche des Beetes – etwa drei Zoll tief – wurde locker aufgegabelt. Zwölf Tage nach dem Einsetzen betrug die Temperatur im Beet Nr. 2, drei Zoll tief, 90°C, und dann wurde gelaicht. Am nächsten Tag wurde die Erde aus Beet Nr. 1, die vier Tage zuvor gelaicht hatte, auf Beet Nr. 2 geworfen, und dann wurde ein Teil der Erde, die auf Beet Nr. 1 geworfen wurde, wieder auf Beet Nr. 2 zurückgeworfen, so dass jetzt Eine anderthalb Zoll dicke Lehmschicht bedeckte die gesamte Oberfläche des Bettes. Als die Oberfläche fertig war, wurde sie vorsichtig mit einem Stampfer gestampft, dessen Oberfläche aus

16 Zoll langen und 12 Zoll breiten Kiefernbrettern bestand. Herr Gardner glaubt nicht an die angeblichen Vorteile einer hart gepackten Oberfläche auf dem Pilzbeet, sondern tendiert eher zu einer mäßig festen Oberfläche.

Er verwendet die englische Ziegelbrut, die von unseren Saatguthändlern verkauft wird. Er hat versucht, seine eigene Brut herzustellen, aber da er nicht über geeignete Mittel zum Trocknen verfügte, hatte er eher mittelmäßigen Erfolg.

Fast alle Züchter stecken die Laichstücke etwa fünf bis sieben Zentimeter tief unter die Mistoberfläche, ein Stück nach dem anderen und in regelmäßigen Abständen von etwa neun Zentimetern in beide Richtungen – längs und quer. Aber auch hier zeigt Herr Gardner seine Individualität. Er zerkleinert den Laich auf die übliche Art und Weise, in Stücke von einem bis zwei Zoll im Quadrat. Natürlich fallen beim Zerkleinern neben den Klumpen auch viele feine Partikel an. Mit einer Hacke mit kantiger Spitze zieht er der Länge nach Bohrer mit einem Abstand von 25 cm und einer Tiefe von 6,5 bis 7 cm entlang des Beetes und sät in den Reihen den Laich aus, als würde er Pfirsichkerne, Walnüsse oder Bohnen säen und bedeckt es, als wären es Samen.

Herr Gardner hält 57 °C für die am besten geeignete Temperatur für ein Pilzhaus oder einen Pilzkeller und hält diese, wenn möglich, ohne die Hilfe von Feuerhitze aufrecht. Er verfügt über Warmwasserleitungen, die mit der angrenzenden Gewächshausheizung in seinem Keller verbunden sind, aber er nutzt sie nie zum Heizen des Pilzkellers, es sei denn, er muss dazu gezwungen werden. Durch das Mulchen seines Beetes mit Stroh kommt er ohne Feuerhitze aus, was beim Sammeln der Pilze jedoch sehr umständlich ist.

Nachdem das Beet eine Weile getragen hat, wird es rundherum mit einer 1,5 cm dicken Schicht feiner Erde bedeckt. Vor der Verwendung wurde dieser Boden an einem geschlossenen Ort – einer Grube, einem Rahmen, einem Schuppen oder einer großen Kiste – aufbewahrt, in dem sich gleichzeitig viel dampfend heißer Mist befand, damit er sich gründlich mit Pilzen füllen konnte Nahrung, die aus dem Dampf des Gärmaterials aufgenommen wird.

Sollte ein Teil des Beets sehr trocken werden, wird vorsichtig und sparsam Wasser mit einer Temperatur von 90 °C durch eine fein sprühende Gießkanne oder Spritze gegeben. Es wird nie so viel Wasser auf einmal gegeben, dass es durch die Ummantelung in den darunter liegenden Mist oder den Brut im Mist eindringt. Aber anstatt die Beete regelmäßig zu wässern, findet Herr Gardner, dass es besser ist, eine feuchte Atmosphäre aufrechtzuerhalten und so die Notwendigkeit des Gießens zu verringern.

Mr. Gardner ist fest davon überzeugt, dass die Pilze viel Nährstoffe aus dem „Dampf" des gärenden frischen Pferdemists beziehen, und indem wir diesen „Dampf" in unseren Pilzhäusern verwenden, können wir eine Atmosphäre aufrechterhalten, die fast feucht genug ist, um auf die Verwendung der Spritze verzichten zu können, und die Pilze sind dadurch dicker und schwerer. Und er praktiziert, was er predigt. An einem Ende seines Pilzkellers hat er eine sehr große, tiefe, offene Kiste, die zur Hälfte mit dampfendem, frischem Pferdemist gefüllt ist, und ein- oder zweimal am Tag wirft er diesen mit einer Mistgabel um, um „Dampf" zu erzeugen, was er zweifellos tut. Aus diesem Grund führt er den Lehm auch so früh beim Anlegen der Beete ein, damit er sich mit Nährstoffen anreichern kann, die sonst in die Atmosphäre verpuffen würden.

Es gibt einen deutlichen Unterschied zwischen den Pilzen, die aus französischem Flockenmyzel und denen aus englischem Ziegelmyzel gezüchtet werden, aber er hat nie unterschiedliche Sorten aus derselben Myzelart beobachtet. Manchmal tauchen einige Pilze auf, die etwas anders geformt sind als die der allgemeinen Ernte, aber er betrachtet dies eher als das Ergebnis kultureller Bedingungen als als echter Sortenunterschiede.

Sein letztjähriges Beet begann Anfang November Früchte zu tragen und brachte bis zum 1. Mai eine gute Ernte. Danach sind die Pilze, egal wie die Ernte ausfällt, so von Maden befallen, dass sie vollkommen wertlos sind und weggeworfen werden. Der großen Menge Mist im Beet und der niedrigen, angenehmen und gleichmäßigen Temperatur im Keller ist es zu verdanken, dass die Beete in diesem Haus immer so lange in gutem Erntezustand bleiben.

Vor einigen Jahren wurden die Pilze erst gepflückt, als sich ihre Köpfe flach geöffnet hatten, aber heutzutage kaufen die Marktleute sie gerne, wenn sie noch ganz jung sind und bevor die Haut der Halskrause zwischen dem Kelch und dem Stiel abgebrochen ist. Einen guten Markt gibt es in New York, Philadelphia und Boston.

Mr. Dentons Methode. — Mr. WH Denton aus Woodhaven, LI, betreibt einen umfangreichen Gemüseanbau, etwa 16 Kilometer von New York entfernt. Während der Sommermonate baut er Freilandgemüse für die Märkte in New York und Brooklyn an und im Winter Pilze in Kellern. Er hat keine Gewächshäuser. Unter seinen Scheunen hat er zwei große Keller, die er im Winter ausschließlich dem Pilzanbau widmet. Die Keller sind innen siebeneinhalb Fuß hoch; die Beete sind fünf Fuß breit, neun Zoll tief, zwei Fuß voneinander entfernt und verlaufen parallel zueinander über die gesamte Länge des Kellers. Die Beete sind dreifach tief, das heißt, ein Beet steht auf dem Boden und die anderen beiden, in Regal- oder Regalform, stehen über dem Bodenbeet und haben einen Abstand von zweieinhalb Fuß zwischen der Unterseite des einen Beets und der Unterseite des darüber liegenden Beets. Die Regale sind allesamt provisorische Konstruktionen aus gewöhnlichem, grobem Kantholz und Hemlock-Bretter, und die Beete sind alle ein Brett tief.

Zur Beheizung der Keller dienen ein gemeinsamer Eisenofen und eine Reihe von Rauchrohren aus Eisenblech. Aber er erzählt mir, dass der Austrocknungseffekt auf den Beeten deutlich sichtbar ist, sie an der Oberfläche sehr austrocknet und er sie häufig mit Wasser besprühen muss, um sie feucht genug zu halten. Während der Spätsommer- und Herbstmonate schleppt Herr Denton auf seinen Rückreisen von den Märkten in Brooklyn frischen Pferdemist aus den Ställen der Stadt nach Hause. Alles, was er auf einen Wagen laden kann, kostet ihn etwa fünfundzwanzig Cent; und das verwendet er für Pilze. Er bereitet es in einem großen offenen Schuppen direkt über dem Keller vor, und wenn es gebrauchsfähig ist, fügt er etwa ein Drittel seiner Masse Lehm hinzu. Der Lehm ist der gewöhnliche Ackerboden aus seiner Gärtnerei. Er erzählt mir, dass er mit auf diese Weise hergestellten Beeten bessere Erfolge erzielt, als wenn nur Gülle verwendet wird. Wir alle wissen, wie stark Gemüsegärtner ihr Land düngen und wie energisch die meisten Autoren über Pilzkulturen die Verwendung von mit Mist gefettetem Lehm in Pilzbeeten anprangern, aber hier ist Mr. Denton, der erfolgreichste Pilzzüchter für den Markt in der Nachbarschaft von New York, die genau das praktizieren, was angeprangert wird! Obwohl er von Anfang an guten, lebendigen Mist mag, achtet er sehr darauf, ihn nicht früh genug zu verwenden, da sonst die Gefahr einer Überhitzung der Beete besteht. Der Lehm im Mist wirkt dieser starken Erwärmungstendenz entgegen, außerdem lassen sich mit der Lehmmischung die Regalbeete deutlich fester bauen als mit einfachem Mist auf den Federbrettern. Wenn die Temperatur auf 90°C sinkt, bringt er die Beete zum Laichen.

Er verwendet sowohl französisches als auch Ziegelbrut, bevorzugt jedoch Letzteres, von dem er im Herbst 1889 400 Pfund verwendete. Er vermarktet Gewichte von 1700 bis 2500 Pfund. Pilze pro Jahr aus diesen beiden Kellern. Herr Denton glaubt fest an die Sauberkeit im Pilzkeller und führt seine größten Erfolge auf seine gründlichste Reinigung zurück. Jeden Sommer räumt er seine Keller aus und kalkt alles.

Die Methode von Herrn Van Siclen. -Herr. Abram Van Siclen aus Jamaika, LI, züchtet ebenfalls sehr intensiv Pilze in unterirdischen Kellern, deren Anordnung sich nicht wesentlich von der von Herrn Denton unterscheidet, außer in der Art der Erhitzung. Er betreibt einen riesigen Gemüseanbaubetrieb in Gewächshäusern sowie eine Sommer-LKW-Farm und nutzt Warmwasserheizgeräte sowie Rauchabzüge, wie sie normalerweise in Gewächshäusern, insbesondere Salathäusern, zum Einsatz kommen. Die Blechrohre, außer in Squash-Häusern, hält er nicht für sehr beliebt.

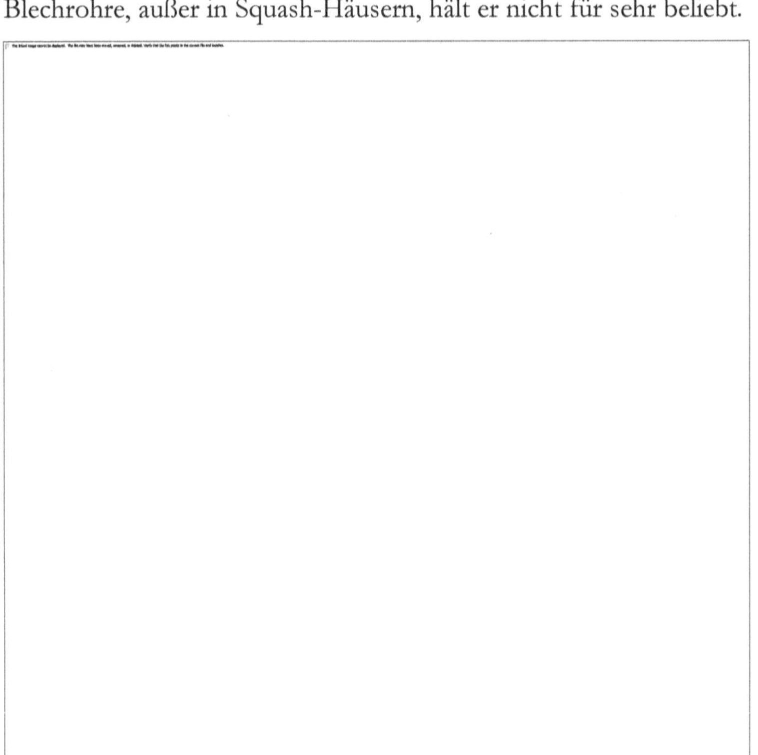

ABB. 3. QUERSCHNITT DES DOSORIS-PILZKELLERS.

Der Dosoris-Pilzkeller. — Dies ist ein unterirdischer Tunnel oder Keller, der vor etwa zehn Jahren eigens für die Pilzzucht gegraben und gewölbt wurde. Er befindet sich in einem offenen, sonnigen Teil des Gartens und ist von der Außenseite der Endwände aus gesehen 83 Fuß lang; von diesem Raum sind an beiden Enden jedoch 9 Fuß für Eingangsgruben und eine Heizanlage vorgesehen; und die Gesamtlänge des eigentlichen Pilzkellers innerhalb der Innenwände beträgt 63 Fuß. Die Wände und der Bogen sind aus Ziegeln, und die Spitze des Bogens befindet sich zweieinhalb Fuß unter der Erdoberfläche. Dieser Tunnel oder Bogen ist in der Mitte sieben Fuß hoch und innen acht Fuß breit, aber ein erhöhter zwei Fuß breiter Weg in der Mitte verringert die Höhe auf sechseinhalb Fuß. Zwischen diesem Weg und den Seiten des Gebäudes befindet sich nur ein Erdboden, der jedoch völlig trocken ist, da der Keller perfekt entwässert ist. In der Spitze des Bogens waren drei 16 Fuß voneinander entfernte Ventilatoren eingebaut worden, aber das war ein Fehler, da die Kondensation im Keller im Winter durch diese Ventilatoren den Raum darunter immer kalt und feucht und ziemlich unproduktiv hält. Ein hoher hölzerner kaminartiger Schacht wäre ein besserer Ventilator gewesen als die drei Lüftungslöcher, die jetzt dort sind und mit einem Gitter aus Eisen und Glas abgedeckt sind.

ABB. 4. GRUNDRISS DES DOSORIS-KELLERS.

An einem Ende des Hauses und hinter der Treppe, die in die Grube hinabführt, befindet sich die Heizung, von der ein zehn Zentimeter dickes Warmwasserrohr im Inneren des Hauses nahe der Wand und nur zehn Zentimeter über dem Boden herumführt. Auf jeder Seite und etwa zehn Zentimeter über dem Rohr ist ein drei Fuß breiter Hemlockboden verlegt, auf dem das Bett ruhen kann. Dabei bleibt die Öffnung zwischen dem Erdboden und der Unterseite des Bettes entlang des Weges offen, damit die künstliche Wärme entweichen kann. Man könnte meinen, dass das Warmwasserrohr unter und damit nahe am Bett dieses austrocknen und zerstören würde, aber das ist nicht der Fall. In einem Keller dieser Art ist nur sehr wenig Feuerwärme erforderlich, um die erforderliche Temperatur aufrechtzuerhalten, und ich weiß nicht, wo man die Rohre sonst verlegen könnte, wo sie ihre Arbeit besser erledigen und weniger stören würden.

Diese Beete werden, damit sie bequemer gebaut, gezüchtet, umgeformt, die Ernte eingebracht und bewässert sowie der Dünger nach der Erschöpfung der Beete entfernt werden kann, an die Wand gelehnt und mit einer abgerundeten Vorderseite gebaut werden, wodurch eine dreieinhalb Fuß breite Beetoberfläche entsteht anstelle einer drei Fuß breiten, wenn sie flach gebaut worden wäre. Dieser Gewinn an Oberflächenfläche ist nicht so bedeutend wie es scheinen mag, denn der Teil direkt neben der Wegkante bietet selten sehr viel Ertrag. Über diesen Beeten ist eine Reihe von Regalbeeten angeordnet, die sich über die gesamte Länge beider Seiten des Kellers erstreckt. Vom Boden des unteren Beets bis zum Boden des oberen Beets sind es drei Fuß, und die oberen Beete sind genauso breit wie die unteren. Die Regale für die Beete sind provisorische Angelegenheiten, die jedes Jahr auf- und abgebaut werden. Die Querbalken ruhen in Sockeln in der Wand, die durch Ausschneiden eines halben Ziegels alle vier Fuß entlang der Wand hergestellt werden, und auf aufrechten Streifen oder Füßen von eineinhalb mal vier Zoll Breite oder zwei mal drei Zoll, die unter die inneren Enden der Querbalken gesetzt sind und auf dem Zementboden dicht neben dem unteren Bett ruhen. Indem dieses Fußende einen Viertelzoll höher als das Wandende ist, wird das hohe Gewicht des Bettes gegen die Wand geworfen. Lose, dicht aneinander gesetzte Hemlockbretter bilden den Bodenbelag, denn es ist nicht nötig, eines von ihnen festzunageln, außer das neben dem aufrechten Stirnbrett, das zehn Zoll breit ist und an der Vorderseite neben dem Weg an die Pfosten und das Regalbrett genagelt wird. Indem das Gewicht zur Wand geneigt wird, ist das aufrechte Brett fest genug, um seinen Platz zu halten und beim Bau der Betten nicht herausgedrückt zu werden. Die Stützbeine der Regale sind ebenfalls an das Stirnbrett des unteren Bettes genagelt, und das hält sie perfekt fest an ihrem Platz. Die Regalbetten sind vorne acht Zoll tief, können aber in jeder gewünschten Tiefe an den Wänden hinten gebaut werden. Die kalte Wand beeinträchtigt die Tragfähigkeit des Bettes nicht und dicht an den Wänden wachsen viele schöne Pilze.

Die Eingangsgruben sind über dem Boden 2,75 Meter tief, 90 Zentimeter breit und 2,70 Meter lang und mit Falttüren an starken Scharnieren abgedeckt, in die man über bewegliche Holztreppen hinabsteigt. Diese Abmessungen werden an dem Ende benötigt, an dem das Heizgerät platziert wird, aber am anderen Ende wäre ein Raum von zwei bis drei Fuß weniger genauso gut ausreichend gewesen, obwohl dies für die Handhabung des Mists praktisch ist. Eine geschlossene Tür an beiden Enden des eigentlichen Pilzkellers trennt ihn von den Endgruben. Der Keller ist in der Mitte durch eine Trennwand geteilt. Dies ergibt, wenn es voll funktionsfähig ist, acht Betten, jedes 31,5 Fuß lang, oder eine durchgehende Fläche von 252 Fuß oder 756 Quadratfuß Fläche, und wenn die Betten zweimal im Jahr erneuert werden, ergibt sich daraus 504 laufende Fuß Bett oder 1512 Quadratfuß Oberfläche. Eine übliche Durchschnittsernte beträgt drei Fünftel Pfund Pilze pro Quadratfuß Beet, und ein guter Durchschnitt liegt bei vier Fünftel Pfund. Dies würde pro Saison über tausend Pfund Pilze aus diesem Keller ergeben, wenn er voll ausgelastet ist. Da das Ziel jedoch darin besteht, von Oktober bis Mai eine konstante Versorgung mit Pilzen zu gewährleisten und nicht zu einem Zeitpunkt eine Flut und zu einem anderen Zeitpunkt ein Mangel zu verzeichnen, werden jeweils nur zwei Beete angelegt, so dass zwischen jeweils zwei Beeten ein Monat liegen kann.

Für die beiden Beete Nr. 1 beginnt die Düngerbereitung im Juli, die Beete werden im August angelegt und die Ernte beginnt im Oktober; die Arbeit an den beiden Beeten Nr. 2 beginnt im August, die Beete werden im September angelegt und die Pilze werden im November gesammelt; die Vorbereitung für die beiden Beete Nr. 3 beginnt im September, die Beete werden im Oktober angelegt, die Ernte beginnt im Dezember; für die beiden Beete Nr. 4 beginnt die Arbeit im Oktober, die Beete werden im November angelegt und die Ernte wird im Januar eingebracht; für die beiden Beete Nr. 5 (Nr. 1

erneuert) beginnt die Arbeit im November, die Beete werden im Dezember angelegt und die Ernte wird im Februar eingebracht; für die beiden Beete Nr. 6 (Nr. 2 erneuert) beginnt die Arbeit im Dezember, die Beete werden im Januar angelegt und die Ernte wird im März eingebracht; für die beiden Beete Nr. 7 (Nr. 3 erneuert) beginnt die Arbeit im Januar, die Beete werden im Februar angelegt und die Ernte wird im April eingebracht; Für die beiden Beete Nr. 8 (Nr. 4 erneuert) beginnt die Arbeit im Februar, die Beete werden im März angelegt und die Pilze im Mai gesammelt. Nach dieser Jahreszeit macht die Sommerhitze den Pilzanbau unsicher und die Maden zerstören die Pilze. Dieses System ermöglicht jedem Beet eine Ertragsdauer von zwei Monaten. Nach etwa sieben bis neun Wochen Ertrag sind die Beete ziemlich erschöpft und es lohnt sich kaum, sie länger zu behalten. Sie können wochenlang sporadisch vor sich hin dümpeln, aber sobald sie keine ertragreiche Ernte mehr bringen, räumen wir sie und beginnen von vorne.

Und wenn die Pilzsaison vorbei ist, heben wir den Mist heraus und entfernen ihn, reinigen die Regalbretter und machen den Keller gründlich sauber, kalken die Wände und streichen das Holzwerk mit Kerosin, um schädliche Insekten und Pilze zu vernichten.

ABB. 5. WARMWASSERBEREITER MIT BODENVERBRENNUNG.

ABB. 6. VERTIKALSCHNITT.

Das Heizgerät besteht aus einem der Basisbrennerkessel von Hitchings mit einem 10 cm langen Warmwasserrohr, das im Keller herumgeführt wird, und verdient besondere Erwähnung wegen seiner Wirtschaftlichkeit, Effizienz und der allgemeinen Zufriedenheit. Dieser Kessel benötigt kein tiefes oder geräumiges Schürloch. Hier befindet es sich unter der Treppe in einer Grube von viereinhalb Fuß Länge, drei Fuß Breite und achtzehn Zoll Tiefe; Es ist nicht im Weg und es gibt viel Platz, um sich darum zu kümmern. Der Ofen verfügt wie ein gewöhnlicher Stubenofen über ein Magazin für den Kohlevorrat. Es verfügt über ein doppeltes Gehäuse mit einem Wasserraum dazwischen und bis zum Boden, so dass es beim Einbau in eine flache Grube keinerlei Schwierigkeiten mit der Zirkulation des Wassers in den Rohren gibt. Das heiße Wasser fließt vom Kessel zu einem offenen Eisentank, der zwei Fuß darüber angebracht ist, wie in der Gravur gezeigt, und von dort durch ein senkrechtes Rohr nach unten, bis es die horizontalen Rohre erreicht und in diese eindringt, die um den Keller herum verlaufen, und beim Zurückkehren in den Keller gelangt Stellen Sie den Kessel wieder in die Nähe seines Sockels. Der Kessel und die Rohre werden aus diesem Tank gefüllt, der immer mindestens zur Hälfte mit Wasser gefüllt sein sollte und bei

Betrieb täglich überprüft werden sollte, damit er wieder aufgefüllt werden kann, wenn der Wasserstand weniger als halb voll ist. Im Inneren des Kellers befinden sich etwa 134 laufende Fuß 4-Zoll-Rohre (64 Fuß auf jeder Seite und 6 Fuß breit am anderen Ende); Dies ergibt 134 Quadratfuß Heizfläche oder einen Anteil von etwa einem Quadratfuß Heizfläche pro fünfzehn Kubikfuß Luftraum im Keller. Dieses Verhältnis ist bei kältestem Wetter mehr als ausreichend, aber insofern vorteilhaft, als es nicht nötig ist, stark zu feuern, um die richtige Temperatur aufrechtzuerhalten. Ein 3-Zoll-Rohr hätte ausreichend Wärme abgegeben, aber die Wärme wäre nicht so gleichmäßig gewesen. In diesem Ofen wird sowohl Nuss- als auch Ofenkohle verwendet, und selbst im strengsten Winterwetter verbrennt er nicht mehr als einen gewöhnlichen Hodvoll in 24 Stunden. Es lässt sich so leicht regulieren, dass die Temperatur des Kellers Tag und Nacht, bei mildem oder strengem Wetter nie mehr als drei Grad schwankt, nämlich zwischen 57° und 60°.

In einem engen unterirdischen Keller, in dem die Temperatur im Winter ohne künstliche Heizung nicht unter 40 oder 45 Grad fällt, ist es mit einem solchen Heizgerät ein Leichtes, jede gewünschte Temperatur aufrechtzuerhalten. Wenn die Roste ab und zu erneuert werden, sollte das Heizgerät zwanzig Jahre lang in gutem Zustand bleiben. Bei einem gewöhnlichen Ofen besteht Brandgefahr, die Gefahr von austretendem Gas und plötzlichen Temperaturschwankungen, und der böse Einfluss einer trockenen, sengenden Hitze – genau das, was Pilze am wenigsten mögen – ist allgegenwärtig. Die Anschaffungskosten eines Warmwassergeräts können höher sein als die eines alten Ofens und von Rohren aus Blech, aber wo Pilze in großem Umfang angebaut werden, liegen die Vorteile aus wirtschaftlicher, effizienter und praktischer Sicht ganz klar auf der Seite des Warmwassergeräts. Außerdem können Warmwasserrohre dort verlegt werden, wo es unsicher wäre, Rauchrohre zu verlegen.

KAPITEL III.

PILZE IN PILZHÄUSERN ZÜCHTEN.

ABB. 7. PILZHAUS, AN EINE NACH NORDEN GERICHTETE WAND GEBAUT.

Ein Pilzhaus ist ein Gebäude, das speziell für die Pilzzucht errichtet wurde. Es kann ganz oder teilweise oberirdisch sein und aus Holz, Ziegel oder Stein gebaut sein und jede gewünschte Größe haben. Einige allgemeine Grundsätze sollten jedoch beachtet werden. Pilze in Häusern sind eine Winter- und keine Sommerpflanze und vertragen keine plötzlichen Temperaturschwankungen und keine heiße oder trockene Atmosphäre. Bauen Sie die Häuser daher an Orten, an denen sie im Winter warm und gut geschützt sind, um die natürliche Wärme zu nutzen und die künstliche Wärme zu vermeiden. Der Zugang sollte von einem angrenzenden Gebäude oder durch eine Veranda auf der Südseite erfolgen, um im Winter vor kalter Zugluft oder Wind zu schützen, wenn die Tür beim Betreten oder Verlassen des Hauses geöffnet wird. Verlieren Sie gleichzeitig nicht die Bequemlichkeit bei der Handhabung des Düngers aus den Augen, weder beim Einbringen ins Haus noch beim Herausnehmen, und in diesem Sinne kann es notwendig sein, eine Tür nach außen einzubauen. Alle Außentüren sollten doppelt sein und im Winter rundherum sicher verschlossen werden. Seitenfensterlüfter sind nicht notwendig, aber sie sind zu Beginn der Saison und im Sommer nützlich. Im Winter sollten sie doppelt und dicht sein. Die Wände sollten, wenn sie aus Ziegeln sind, hohl sein, wenn sie aus Holz sind, doppelt. Tatsächlich sind Wände, die wie für ein Eishaus gebaut sind, für ein Pilzhaus am besten geeignet und sollten im Winter mit Erde, Baumblättern oder Strohmist aufgeschüttet werden, um das Innere des Hauses etwas wärmer zu halten.

ABB. 8. AUSSCHNITT AUS MRS. CJ OSBORNES PILZHAUS.

Der Boden sollte vollkommen trocken sein; Das heißt, er ist so gut entwässert, dass kein Wasser darauf stehen kann. Dabei spielt es keine Rolle, ob der Boden aus gewöhnlicher Erde besteht oder aus Holz oder Zement besteht.

ABB. 9. GRUNDRISS VON MRS. OSBORNES PILZHAUS.

Das Dach sollte doppelt sein und immer geneigt sein – niemals flach. Der Raureif, der bei schlechtem Wetter innerhalb eines einzelnen Daches auftritt, schmilzt wahrscheinlich, wenn die Hitze des Tages zunimmt, und dieser kalte Tropfen, der auf die darunter liegenden Beete fällt, ist für die Pilzernte sehr schädlich. Ein Doppeldach schützt die Betten vor diesem Tropf, zudem wird das Haus dadurch wärmer und es ist weniger Feuer nötig, um die erforderliche Temperatur aufrechtzuerhalten. Man könnte meinen, dass ein einzelnes Dach wie bei einem Wohnhaus und dann eine flache Decke darunter einem doppelt geneigten Dach gleichkäme, aber das ist nicht der Fall. Die aus dem Inneren des Hauses aufsteigende Feuchtigkeit kondensiert an der flachen Decke, und das Wasser, das nicht abfließen kann, tropft auf die Betten. Bei einer Dachschräge oder einem Innendach läuft das Wasser von der Decke bis zu den Wänden. Ein sehr deutliches Beispiel dafür ist Mrs. CJ Osbornes ausgezeichnetes Pilzhaus in Mamaroneck, New York. Es war sehr massiv gebaut, mit einem schrägen Dach und einer flachen Decke unter dem Dach, aber es verursachte so viel Ärger Der Tropfen, der davon auf die Beete darunter fiel, ließ ihren Gärtner die flache Decke entfernen und stattdessen eine schräge bauen, und jetzt funktioniert es prächtig, und vor ein paar Monaten sah ich in diesem Haus eine so schöne Pilzernte, wie man sich nur wünschen kann zu betrachten.

Die Inneneinrichtung des Pilzhauses kann der des Pilzkellers ähneln. Betten können längs der Wände und, wenn Platz vorhanden ist, auch in der Mitte des Hauses angelegt und Regale auf die gleiche Weise wie im Keller aufgestellt werden. Bei kalten, dünnen Außenwänden sollten die Regalbetten jedoch nicht dicht an ihnen gebaut werden, sondern etwa zwei Zoll von den Wänden entfernt, um die Betten im Winter vor der eisigen Berührung der Wand zu schützen. Aus Spargründen empfiehlt es sich möglicherweise, hohe Pilzhäuser zu bauen, sodass man ein Regal über dem anderen bauen kann, bis die Regale zwei, drei oder vier tief sind. Aber das ist ein Fehler. Die künstliche Wärme, die erforderlich ist, um in einem hoch über dem Boden gebauten Haus mitten im Winter eine Temperatur von 55 °C aufrechtzuerhalten, wäre für das Wohl der Pilze zu trocken und instabil; außerdem ist ein zweites Regal unpraktisch genug, und wenn es zu einem dritten oder vierten kommt, wäre die Unannehmlichkeit zu groß und würde jeden erhofften Vorteil der Platzersparnis zunichte machen. Ein unbeheiztes Pilzhaus muss wie ein Schuppen betrachtet und auch so behandelt werden, wie im folgenden Kapitel beschrieben.

In großen, gut ausgestatteten Privatgärten gilt ein Pilzhaus als fast unverzichtbare Ergänzung zum Gewächshaus und wird im Allgemeinen an der Nordwand eines Gewächshauses errichtet. Auf diese Weise profitiert es von der warmen Wand und kann leicht durch Einführen eines oder zweier Warmwasserrohre aus dem Gewächshaussystem beheizt werden. Außerdem kann das Haus im Winter vom Gewächshaus oder einem angrenzenden Schuppen aus betreten werden und ist so vor dem eisigen Hauch der Luft geschützt, der beim Öffnen der Außentür eindringen würde.

ABB. 10. INNENANSICHT VON MR. S. HENSHAWS PILZHAUS.

Mr. Samuel Henshaws Pilzhaus. — Mr. Henshaw züchtet seit mehreren Jahren Pilze auf seinem Anwesen in Staten Island. Sein Pilzhaus ist neun Fuß breit und sechzig Fuß lang. Eine Seite besteht aus einer Ziegelwand und die andere aus doppelten Brettern. Das Dach ist aus Blech und hat drei Schiebefenster von je zwei mal fünf Fuß, die für reichlich Licht sorgen. An jedem Ende befindet sich eine Tür, die bequemen Zugang zum Innenraum bietet, um Material hineinzutragen und herauszunehmen, ohne die Lagerbeete zu stören. Im Winter wird das Dach mit einer Schicht Salzheu bedeckt, um eine gleichmäßige Temperatur zu bewahren und zu verhindern, dass Feuchtigkeit an der Decke kondensiert und in Tropfen auf die Beete fällt. Der Boden besteht aus Erde, die seiner Meinung nach, wenn sie gut entwässert ist, Ziegeln oder Holz vorzuziehen ist. Der Boden ist vollständig mit Beeten bedeckt, es werden keine Regale oder Laufstege verwendet. Dies macht es notwendig, auf die Beete zu treten, aber da keine Abdeckung verwendet wird, ist es immer leicht, das Treten auf die Gruppen junger Pilze zu vermeiden, und solange sie unverletzt bleiben, wird das Beet selten, wenn überhaupt, durch die verdichtende Wirkung des Tretens beschädigt. Um die notwendige Wintertemperatur von 60° aufrechtzuerhalten, verläuft ein vier Zoll dickes Warmwasserrohr etwa zwei Fuß über dem Boden über die gesamte Länge des Hauses. Auf der anderen Seite der Ziegelwand befindet sich ein Gewächshaus, das, indem es die Wand warm hält, dazu beiträgt, das Pilzhaus warm zu halten. Mr. Henshaw teilt dieses Haus in drei gleich große Beete auf. Der Teil am anderen Ende des Hauses wird im Herbst angelegt und trägt im Dezember Früchte; der mittlere Teil einen Monat später, um einen Monat später Früchte zu tragen, und der vordere Teil noch einen Monat später, um in einer weiteren Abfolge zu folgen. Wenn es dann nötig ist und er das Beet am anderen Ende des Hauses erneuern möchte, räumt er es aus und liefert frisches Material für das neue Beet.

KAPITEL IV.

PILZE IN SCHUPPEN ZÜCHTEN.

Wer einen behaglichen, warmen Schuppen hat, hat vielleicht auch ein gutes Pilzhaus, aber der Boden muss unbedingt trocken und das Dach wasserdicht sein. Natürlich ist ein geschlossener Schuppen, als Werkzeughaus oder Kutschenhaus, besser als ein offener Schuppen, aber auch ein Schuppen, der auf der Südseite offen ist, kann, wenn er auf den anderen Seiten eng ummauert ist, auch aus gutem Material gebaut werden Verwendung für Pilzbeete. Offene Ställe eignen sich zwar gut für Beete, die vor Weihnachten ihre Ernte einbringen, für Beete mitten im Winter sind sie jedoch schlecht geeignet. Die Temperatur im Inneren eines Pilzbeetes sollte während der Lagerzeit etwa 60°C und die Temperatur der Oberfläche des Beetes mindestens 45° bis 50°C betragen; Liegt dieser Wert unter diesem Wert, tendiert das Myzel dazu, sich auszuruhen, und die Ernte stagniert. Jetzt kann diese Temperatur in einem offenen Stall, bei starkem Frost, nicht aufrechterhalten werden, ohne dass mehr Probleme entstehen, als die Ernte wert ist. Die Beete müssten in Kartons verpackt und sehr stark gemulcht werden. Und selbst in einem engen, warmen Schuppen müsste ein solcher Schutz gegeben sein, das Bett sollte jedoch nicht dem durchdringenden Einfluss von durchdringenden Winden und Zugluft ausgesetzt sein. Die Pilzbeete sollten daher an den wärmsten Stellen der wärmsten Ställe angelegt werden.

Die Betten sollten auf dem Boden und so weit wie möglich auf einer Seite aufgestellt werden, so dass sie nicht im Weg sind, und flach auf dem Boden liegen oder an den Seiten des Schuppens abgerundet sein. Im letzteren Fall sollte das Haus außen gut mit Einstreu, Baumblättern oder Erde umgeben sein, um Frost am unteren Teil der Wände zu verhindern und so zu verhindern, dass der Mist in den Beeten stark auskühlt. In einem kühlen Schuppen sollten die Beete tiefer gemacht werden als in einem Keller oder einem warmen Pilzhaus, damit sie ihre Wärme lange behalten.

In unbeheizten Ställen sollten Regalbetten nicht verwendet werden, da sie im Winter nur schwer warm zu halten sind. Regalbetten sind in der Regel nicht so tief wie solche auf dem Boden; daher halten sie ihre Hitze nicht so lange. Wenn kaltes Wetter einsetzt, ist es einfach, die unteren Betten einzupacken und abzudecken, um sie warm zu halten. Bei Regalbetten, die oben und unten freiliegen, ist es jedoch schwieriger, sie ausreichend vor Kälte zu schützen, als sie es sind Wert.

Im Allgemeinen wird der Begriff Schuppen auf unbeheizte, einfache Holzkonstruktionen angewendet, beispielsweise Holzschuppen, Geräteschuppen, Kutschenhäuser oder Heustadel. Wir verwenden den

Begriff Schuppen jedoch häufig auch für beheizte Gebäude, wie etwa die Pflanz- und Verpackungsschuppen von Floristen. Wären diese beheizten Schuppen nicht einfach nur Arbeitsräume, in denen viel Aus- und Eingehen stattfindet und es daher zu Zugluft und plötzlichen und häufigen Temperaturschwankungen kommt , wäre die Behandlung der darin angelegten Pilzbeete dieselbe wie die für normale Pilzhäuser empfohlene; da die Umstände jedoch etwas anders sind, sollte auch die Behandlung anders sein. Ein warmer Pflanzschuppen ist ein ausgezeichneter Ort für Pilzbeete. Hier sollten sie unter den Bänken angelegt und vorne mit dickem Kattun, Pflanzenschutztuch oder leichten Holzläden abgedeckt werden, um kalte Luftzüge und plötzliche atmosphärische Veränderungen auszuschließen und zu verhindern, dass die Beete zu schnell austrocknen.

KAPITEL V.

WACHSENDE PILZE IN GEWÄCHSHÄUSERN.

Jeder, der ein Gewächshaus hat, kann darin Pilze züchten. Und egal um welche Art von Gewächshaus es sich handelt, ob Obsthaus, Blumenhaus oder Gemüsehaus, es steht für Pilze zur Verfügung. Einer der Vorteile der Pilzzucht in einem Gewächshaus besteht darin, dass sie in Teilen des Gewächshauses, die für andere Zwecke nahezu wertlos sind, perfekt wachsen; zum Beispiel unter den Bühnen, wo sonst nichts gut wächst, obwohl Rhabarber und Spargel dort gezwungen werden könnten und ein wenig Chicorée und Löwenzahn blanchiert werden könnten.

ABB. 11. PILZBEET IN SCHACHTELN UNTER DER GEWÄCHSHAUSBANK.

Kühle Gewächshäuser eignen sich in jedem Fall besser für Pilze als Treibhäuser. In Kühlhäusern wird im Winter selten eine niedrigere Temperatur als 45° oder 50° gehalten, während in Treibhäusern die Temperatur nachts zwischen 60° und 70° liegt, mit einem Anstieg von zehn bis zwanzig Grad am Tag, und das ist zu heiß für Pilze. Es ist sehr einfach, ein Pilzbeet in einem kühlen Haus warm und frei von starken Temperaturschwankungen zu halten, indem man es mit Heu bedeckt oder die Box mit Heu oder Matten bedeckt; Es ist jedoch schwierig, ein Pilzbeet in einem Treibhaus kühl genug zu halten und plötzliche Temperaturanstiege zu verhindern.

Auf Gewächshausbänken. — Manchmal werden die Beete auf den Gewächshausbänken angelegt und die Pilze besetzen denselben Platz, der

Rosen oder anderen ausgepflanzten Pflanzen zugewiesen werden könnte. Die Beete auf den Bänken werden ein Brett tief angelegt, das heißt, mit 20 bis 25 cm kurzem, frischem Dünger, und ansonsten wie bei Beeten anderswo. Nachdem die Beete angelegt und mit Erde bedeckt wurden, wird ein plötzliches Austrocknen der Oberfläche verhindert, indem man sie mit einer Schicht Strohstreu oder Heu bedeckt. Um dieses Austrocknen weiter zu verhindern, ist es ein guter Plan, jeden Tag oder jeden zweiten Tag etwas Wasser über die Mulchschicht zu streuen, aber nicht genug, um in das Beet einzusickern. Etwa zu dem Zeitpunkt, wenn die jungen Pilze beginnen, sich zu zeigen, entfernen Sie die Mulchschicht und ersetzen Sie sie durch eine Abdeckung aus Jalousien, die eine weitere Bretthöhe über dem Beet angebracht ist, oder durch starkes Kaliko oder pflanzenschützendes Tuch, das wie ein Vorhang über die Beete gehängt wird. Die beigefügte Abbildung, Abb. 12, für die ich Henry A. Dreer aus Philadelphia zu Dank verpflichtet bin, vermittelt eine hervorragende Vorstellung davon, wie Pilze auf Gewächshausbänken gezüchtet und gepflegt werden können. Zu dieser Abbildung schreibt Herr Dreer: „Sie wurde nach einem Foto einer auf den Gewächshausbänken der Model Farm von Herrn McCaffrey, dem Gärtner von JE Kingsley, Esq., vom Continental Hotel, gezüchteten Pflanze angefertigt.... Es wird keine Streuabdeckung verwendet, aber die erforderliche Beschattung an sonnigen Tagen wird durch die Verwendung eines über die Oberseite des Beets gespannten Baumwolltuchs gewährleistet, wie in der Gravur dargestellt."

ABB. 12. AUF GEWÄCHSHAUSBÄNKEN AUF DER MODELLFARM VON HERRN JE KINGSLEY GEZÜCHTETE PILZE.

Mein Haupteinwand gegen Pilzbeete auf Gewächshausbänken ist, dass sie häufigen und deutlichen Schwankungen der Lufttemperatur und -feuchtigkeit ausgesetzt sind und austrocknen. Mitten im Winter mag das noch in Ordnung sein, aber wenn der Frühling voranschreitet und die Helligkeit und Hitze der Sonne zunimmt, steigt auch die Anfälligkeit der Beete für Trockenheit.

ABB. 13. BREITES BETT MIT WEG DARÜBER.

In Rahmen in den Gewächshäusern. -Herr. JG Gardner verfügt über eine Reihe von Gewächshäusern mit einer Länge von etwa 900 Fuß – die längste ununterbrochene Reihe von Gewächshäusern, die ich kenne – für den Anbau von Obst und Gemüse im Winter; Weintrauben, Pfirsiche, Nektarinen, Feigen, Tomaten, Gurken, Bohnen, Erbsen, Salat. Dieses Sortiment ist in mehrere Abteilungen unterteilt, um den verschiedenen Kulturpflanzen gerecht zu werden und einige auch als Sukzessionsbetriebe betreiben zu können. Um das Beste aus allem herauszuholen, verdoppelt er wie ein Gärtner seine Ernte, wo immer es möglich ist, und für diesen Zweck findet er keine Ernte, die zugänglicher und ertragreicher ist als Pilze. Es ist ihm egal, ob das Haus kalt oder warm ist, er kann darin trotzdem Pilze züchten, und um der Situation Herr zu werden, legt er seine Pilzbeete in Brutrahmen innerhalb der Gewächshäuser an. Indem er sich um die Belüftung kümmert, ihn in der Nähe hält, ihn abdeckt oder frei lässt, kann er die Temperatur des Pilzbeets richtig regulieren, egal wie heiß oder kalt die Atmosphäre im Gewächshaus sein mag. Auf die gleiche Weise – indem er die Scheiben beschattet oder entschattet – regelt er den Lichteinfall in die Pilze.

Die Gewächshäuser, in denen die Pilze gezüchtet werden, sind Obstgärten, das heißt Gewächshäuser, in denen Pfirsich- und Nektarinenbäume gezüchtet und getrieben werden. Da diese Bäume Früchte tragen und früh ausgewachsen sind, müssen sie im Herbst und frühen Winter so kühl und inaktiv wie möglich gehalten und im Spätwinter wieder zum Wachsen angeregt werden. Im Herbst behält das in Rahmen eingeschlossene Gärmaterial daher genügend Wärme für die richtige Entwicklung der Pilze, und wenn der Winter fortschreitet und die Wärme in den Rahmen nachlässt, wird es notwendig, die Gewächshäuser zu heizen, um die Bäume zum Blühen und Wachsen zu bringen und so sehr günstige Bedingungen für die weitere Produktion der Pilzernte zu schaffen.

ABB. 14. PILZE AUF GEWÄCHSHAUSBÄNKEN UNTER TOMATEN.

Die verwendeten Rahmen sind gewöhnliche Brutkastenrahmen mit einer Breite von sieben Fuß und tragenden Flügeln mit einer Breite von dreieinhalb Fuß. Eine Reihe von ihnen verläuft in der Mitte der Gewächshäuser, so dass ein Gewächshaus nach dem anderen von ihnen besetzt wird. Sie liegen flach auf dem Boden und zu Beginn der Saison allein in den Gewächshäusern. Aber wenn der Winter voranschreitet, wird über diesen Rahmen eine vorübergehende Bühne errichtet, auf der Spiræas, Erbsen, Bohnen oder andere Blumen oder Gemüse angebaut werden sollen. Diese lieben das Licht und eine Position in der Nähe des Glases, während die Pilze in den dunklen Bereichen der Rahmen unter den Bühnen perfekt wachsen. Wenn er unter diesen Stadien keine Pilze züchten würde, wäre der Raum unbewohnt und daher unproduktiv; aber indem er es mit Pilzen besetzt, bekommt er nicht nur Pfirsiche und Bohnen auf einmal aus demselben Gewächshaus, sondern auch eine Ernte Pilze, die oft genauso viel wert ist wie die anderen beiden.

Bei der Vorbereitung der Beete in den Rahmen wurden sie einen Fuß tief und sehr fest gemacht und mit New Yorker Stallmist direkt aus den Autos gebracht. Es gab keine vorherige Vorbereitung des Mistes. Anschließend wurde eine anderthalb Zoll dicke Lehmschicht über die Oberfläche ausgebreitet und in das anderthalb Zoll tiefe Mistbett gegabelt, so dass eine drei Zoll tiefe Erdmatte entstand. Dieser wurde dann mit den Füßen fest zusammengepackt und rundherum mit einer fünf Zentimeter dicken Schicht losen Mists bestrichen. Innerhalb von etwa zehn Tagen betrug die Temperatur drei Zoll unter der Oberfläche etwa 95 °C, und die Beete wurden dann abgelaicht. Beim Laichen wurden Bohrer über die Beete gezogen, die etwa 30 cm voneinander entfernt und gerade tief genug waren, um die zuvor erwähnte Erdmatte zu berühren, aber nicht zu durchdringen. Der gebrochene Laich wurde dann in die Drillmaschinen gesät und mit einer anderthalb bis fünf Zentimeter dicken Lehmschicht bedeckt, die leicht gestampft wurde. Anschließend wurden die Flügel aufgesetzt und etwas nach oben gekippt, damit die Feuchtigkeit entweichen konnte. Als die Pilze auftauchten, bestand kaum noch Bedarf an Belüftung, da die Kondensation von Feuchtigkeit auf dem Glas kaum sichtbar war; Die Belüftung lässt sich jedoch leicht durch das Auftreten von Feuchtigkeit auf dem Glas steuern. Je mehr davon, desto mehr Belüftung sollte gewährleistet sein. Zunächst wurde nicht versucht, die Rahmen zu schattieren; aber sobald die Pilze zu erscheinen begannen, wurden die Beete beschattet, und zwar hauptsächlich durch die Ernte anderer Pflanzen auf den darüber liegenden Stufen. Diese Rahmenbeete wurden letzten Oktober hergestellt und begannen im Dezember zu tragen, und am 14. März schrieb mir Herr Gardner: „Die Pilze in meinen Rahmen haben sich großartig entwickelt. Ich habe heute große Körbe voller der besten Pilze geschnitten, die ich je gesehen habe." , einige von ihnen haben einen Durchmesser von fünf Zoll, bevor sie vollständig expandiert sind.

Und indem er ihm die obigen Notizen zur Überprüfung vorlegt, fügt er weiter hinzu: „Es gibt einen wichtigen Punkt, den wir allen, die Pilze in Rahmen oder unter Gewächshausbänken züchten, klarmachen sollten, nämlich, dass plötzliche Temperaturschwankungen vermieden werden müssen. Bei Licht." Meiner Meinung nach ist es gut für Pilze, es führt zu einem Temperaturanstieg, und wir müssen uns dagegen hüten. Um eine gleichmäßige Temperatur aufrechtzuerhalten, sollten alle Gläser, die auf andere Weise Licht oder Hitze ausgesetzt sind, mit etwas nichtleitendem Material abgedeckt werden Roggenstroh ist für diesen Zweck das beste Material, das ich kenne, wenn Sonnenlicht und Hitze aus Warmwasserleitungen mit den jungen Pilzen oder dem Myzel auf der Oberfläche der Beete in Kontakt kommen ist die Ursache für viele Misserfolge beim Anbau in Gerüsten und Gewächshäusern."

Unter Gewächshausbänken. — Offene, leere Räume unter den Bühnen sind überall gute Plätze für Pilzbeete. Beachten Sie jedoch einige Punkte sorgfältig, nämlich: Ein trockener Boden unter den Beeten ist unbedingt erforderlich, da ein nasser Boden die Beete durchnässt und auskühlt und sie für die Brut ungesund macht; aber der normale Erdboden ist gut genug, vorausgesetzt, dass zu keiner Zeit Wasser darauf steht; wenn doch, kann der Boden unter den Beeten trocken gemacht werden, indem man ihn etwas höher als das allgemeine Niveau legt oder einen Boden aus alten Brettern verwendet. Beete sollten nicht dicht an Heißwasserrohren, Dampfrohren oder Rauchabzügen gebaut werden, da die Hitze dieser, wenn sie in Betrieb sind, die Teile der Beete daneben ausbackt und sie unproduktiv macht und auch die Hüte der Pilze, die innerhalb von ein oder zwei Fuß der Rohre wachsen, platzen und verderben lässt. Aber diese Schäden durch heiße Rohre und Abzüge können erheblich gemindert werden, indem man die Rohre umhüllt, um die Hitze von den Pilzbeeten abzuhalten und sie vollständig nach oben entweichen zu lassen; dann können die Beete sicher bis auf einen Fuß an die Rohre heran angelegt werden. In der Regel verlaufen Warmwasserrohre unter den vorderen Bänken eines Gewächshauses, daher wäre es nicht ratsam, Beete unter diesen Bänken anzulegen. Die mittlere Bank ist in der Regel frei von Rohren und daher am besten für Beete geeignet. Sie bietet mehr Kopffreiheit und ermöglicht daher einfacheres Arbeiten. Dampfbeheizte Gewächshäuser bieten im Allgemeinen die beste Lösung für Pilzbeete, da die Rohre unter den Bänken weniger Platz einnehmen als die für Warmwasser und immer höher über dem Boden verlaufen.

Unter anderem Pflanzen auf Gewächshausbänken. —Es kommt manchmal vor, dass zwischen Rosen, Nelken, Veilchen, Reseda und anderen Pflanzen, die „ausgepflanzt" auf den Bänken wachsen, spontan Pilze entstehen, und dies ist insbesondere dann der Fall, wenn frischer Boden gerade ganz oder teilweise verwendet wurde Teil, zum Befüllen der Bankbetten. Diese Pilze stammen aus natürlichem Laich, der im Lehm oder Mist enthalten war, bevor sie ins Haus gebracht wurden, und bei dem es sich wahrscheinlich um echten Jungpilz handelt. Bei den Pilzen handelt es sich im Allgemeinen um gewöhnliche Pilze, die aus Ziegelbrut gezüchtet werden. Gelegentlich wird jedoch auch eine viel größere und schwerere Art erzeugt, und zwar der „Pferdepilz". Es ist vollkommen zum Essen geeignet, nur von gröberer Qualität als die anderen.

Eine gute und sichere Ernte kann erzielt werden, indem man in den Beeten hier und da zwischen den Pflanzen und dort, wo sie am wenigsten mit Wasser vollgesogen werden, Stücke von Myzel pflanzt. Um die Entwicklung des Myzels weiter zu fördern, sollten hier und da Löcher von der Größe eines halben Liters über dem Beet ausgehöhlt und mit ganz frischem, aber trockenem Pferdeäpfel fest aufgefüllt werden, wobei das Stück Myzel in die Mitte kommt, und oben mit einem Zoll Lehm bedeckt wird, so dass die gesamte Oberfläche des Beets eben bleibt. Eine so kleine Menge trockenen Düngers, umgeben von kalter Erde, erwärmt sich nicht merklich, und die Feuchtigkeit des Lehms um ihn herum wird ihn schnell befeuchten, egal wie trocken er auch sein mag. Der trockene, frische Mist ist das allerbeste Material, um das Wachstum des Myzels anzuregen.

Pilzzucht in Rosenhäusern. —George Savage, der Chefgärtner in Mr. Kimballs Gewächshäusern in Rochester, NY, züchtet Pilze sehr erfolgreich unter den Bänken der Rosenhäuser. Wenn er im Herbst seine ersten Pilzbeete anlegt, wird das Rosenhaus kühl gehalten, und das ist ein Vorteil für die Pilzbeete, die die nötige Wärme aus dem gärenden Mist beziehen; aber wenn der November voranschreitet und die Wärme in den Beeten nachlässt, werden die Rosenhäuser „angelegt", und diese künstliche Wärme kommt zur rechten Zeit, um den wachsenden Pilzen zu nützen. Die Rosen werden in diesem Fall auf Bänken gepflanzt, daher tropft kaum Wasser von oben auf die Pilzbeete darunter.

Ich habe Herrn George Grant aus Mamaroneck, New York, der im Gewächshaus Pilze züchtet, letzten Januar angerufen und war mit seiner einfachen und erfolgreichen Methode sehr zufrieden. Die Beete waren damals in gutem Zustand, sehr voll und die Ernte war von bester Qualität. Die Betten waren auf dem Erdboden seines Tomatenanbauhauses und unter der Rückbank gemacht. Das Bett war flach, 20 bis 20 Zentimeter tief, mit einer Ummantelung aus einem 20 Zentimeter breiten Hemlockbrett, das hinten hochkant aufgesetzt war, und einem weiteren gleichgroßen Brett an der Vorderseite. Das Bett bestand aus sechs Zoll dicken Pferdeäpfeln und war mit frischem Lehm von einer Dicke von anderthalb Zoll übergossen. Über dem Ganzen und auf den Rändern der Hemlockbretter ruhte eine leichte Decke aus anderen Brettern, auf die etwas Heu gestreut war, um Tropfen aufzufangen und abzuleiten und eine gleichmäßige Temperatur im Bett aufrechtzuerhalten.

Herr Abram Van Siclen aus Jamaika, Long Island, ist einer der größten Pilzzüchter für den Markt im Land sowie einer der umfangreichsten Züchter von Gärtnereien unter Glas in ganz New York. Eine riesige Fläche unter seinen Salatbänken widmet er der Pilzzucht. Die Beete werden auf die übliche Art und Weise auf dem Boden angelegt, lediglich aus Bequemlichkeitsgründen, um viel Platz zum Aufstellen der Beete und zum Sammeln der Ernte zu lassen und außerdem die Notwendigkeit zu vermeiden, höhere Strukturen als die gewöhnlichen Salatgewächshäuser, den Pilz, zu bauen Die Beete sind etwa 18 bis 24 Zoll unter dem Niveau der Wege versunken. Da die Salate auf den Bänken gepflanzt werden, tropfen sie nur sehr wenig, daher sind die abgesenkten Beete ausreichend. Und die Temperatur eines Salathauses ist für ein langlebiges Pilzbeet ungefähr richtig. Der Lichteinfall wird durch eine einfache Decke aus Salzheu, die über die Beete gelegt wird, und manchmal durch helle Holzläden, die vor der Öffnung zwischen den Salatbänken und dem Boden angebracht sind, ausgeschlossen, wodurch die Pilze in völliger Dunkelheit eingeschlossen werden.

Mr. William Wilson aus Astoria besitzt ein riesiges Gewächshaus in der Nähe von New York. In seinen Gewächshäusern züchtet er unter den Seiten- und

Mittelbänken Pilze, und als ich sie im Januar sah, waren dort Beete von etwa 27 Quadratmetern. Die Beete waren flach, etwa 23 cm dick, auf dem Boden errichtet und vor grellem Licht geschützt, indem man die Öffnungen zwischen den Bänken und den Beeten neben den Wegen mit Musselin bedeckte. Aber seine Ernte litt unter Tropfnässe. Mr. Wilson sagte mir, er könne die Nachfrage nicht einmal annähernd decken. Er sagt, was auch immer er mit Pilzen macht, ist größtenteils reiner Gewinn. Sie nehmen Platz ein, der sonst ungenutzt bliebe, und er braucht den Dünger und den Lehm für sein Blumengeschäft, und nachdem er in den Pilzbeeten verrottet ist, ist er in einem besseren Zustand zum Eintopfen als vorher.

ABB. 15. DIE PILZBEETE VON MR. WM. WILSON.

Tropfen von den Bänken. – Dies muss von den darüber liegenden Beeten aus verhindert werden, da es sonst durchnässt oder abkühlt und den Laich weitgehend abtötet. Ich habe viele Beispiele für dieses Übel gesehen. Die Beete wären auf ihrer gesamten Oberfläche mit Tropflöchern übersät, und obwohl sich einige Pilze hier und da rund um das Beet vervollkommnen könnten, erreichen Scharen nur den Zustand von Stecknadelköpfen – oder möglicherweise die Größe von Erbsen – und beschlagen dann Patches. Es sind nicht ein oder zwei kleine Pilze in einem Büschel, die beschlagen, sondern wo man beschlägt, gehen alle kleinen Pilze in diesem Beet unter, denn es handelt sich nicht um eine Krankheit des einzelnen Pilzes, sondern des Myzels oder der Pilzpflanze, die dort wächst im Beet, und wenn dieser verletzt oder getötet wird, werden alle kleinen Pilze, die aus diesem bestimmten Pflanzenstück wachsen, ihrer Nahrung beraubt und müssen sterben.

In Gewächshäusern, deren Bänke mit Rosen, Nelken, Bouvardias, Veilchen oder Salaten besetzt sind, die „ausgepflanzt" sind, wie kommerzielle

Floristen und Gärtner sie normalerweise anbauen, gibt es sehr wenig Tropfwasser, denn während die Pflanzen auf diesen Bänken reichlich gegossen werden, ist der Boden nie so durchnässt, dass das Wasser in tropfenden Rinnsalen abfließen kann, wie dies in Gewächshäusern, in denen Topfpflanzen auf den Bänken gezüchtet werden, ständig der Fall ist. Unter diesen „ausgepflanzten" Bänken können, wenn man vorsichtig ist, Pilze in offenen Beeten gezüchtet werden; tatsächlich ist dies der beste Platz und die besten Bedingungen für sie in einem Gewächshaus.

ABB. 16. FLACH AUF DEM BODEN ERRICHTETES PILZBEET.

Bei mit Topfpflanzen besetzten Bühnen muss dafür gesorgt werden, dass das Wasser von den Pilzbeeten nicht tropft. Dazu wird darüber, und zwar in geeigneter Höhe, ein leichtes Holzgerüst errichtet, auf dem leichte Holzrahmen ruhen, die mit Ölpapier, geöltem Musselin oder Pflanzenschutztuch bespannt sind. Drei leichte Holzleisten, die über das Beet verlaufen, wie in Abb. 12 gezeigt, oder drei Stränge aus kräftiger Kordel oder Draht, die auf die gleiche Weise verlegt werden, reichen für kleine Beete aus und dienen als Stütze für den geölten Musselin oder das Pflanzenschutztuch. Manchmal wird für denselben Zweck auch Baupapier verwendet. Mr. JG Gardner verwendet gewöhnliche Rahmen und Fensterläden für Mistbeete, wie in einem vorhergehenden Kapitel beschrieben. Leichte Holzläden – aus 1,27 cm oder 1,58 cm dickem Kiefernholz – können für denselben Zweck verwendet werden und halten viele Jahre.

ABB. 17. GERIFFELTES PILZBEET.

Die Beete unter den Gewächshausbänken können auf die gleiche Weise angelegt werden wie Beete überall sonst; das heißt, flach auf dem Boden und zwischen zwei hochkant gestellten Brettern, wie in Abb. 16, oder in Rillen unter den hohen oder mittleren Bänken, wie in Abb. 17, oder in schrägen Beeten an der Rückwand, wie in Abb. 18. Im Allgemeinen ist das flache Beet am einfachsten anzulegen und zu pflegen.

ABB. 18. AN EINER WAND ANGESETZTES BETT.

In offenen, luftigen Gewächshäusern ist es immer gut, die Pilzbeete in Kastengehäuse und mit Schiebe- oder Fensterläden abzudecken, um Zugluft und Schwankungen von Temperatur und Luftfeuchtigkeit zu vermeiden. Dies lässt sich leicht erreichen, indem man die Seiten anderthalb Bretter (fünfzehn Zoll) oder zwei Bretter (fünfzig Zoll) hoch macht und sie mit leichten Holzläden, Schiebefenstern oder mit Musselin oder Papier überzogenen leichten Rahmen abdeckt. Siehe Abb. 11.

Ammoniak entsteht. —Ammoniak, das aus dem Mist der Pilzbeete im Gewächshaus entsteht, kann für die anderen Bewohner des Gewächshauses schädlich sein. Wenn der Mist vor dem Einbringen in das Gewächshaus gut vorbereitet wurde, wird das dabei entstehende Ammoniak keine anderen Pflanzen oder Blumen im Haus schädigen; aber wenn der Mist frisch, heiß und übelriechend ist, ist das Gegenteil der Fall. Beete in Gewächshäusern sollten immer aus Mist bestehen, der zuvor im Freien oder in einem Schuppen gut vorbereitet wurde, und wenn er in das Gewächshaus gebracht wird, sollte er sofort fest in die Beete eingebaut werden. Dann wird nur sehr wenig Dampf aus den Beeten aufsteigen; Tatsächlich ist es weder optisch noch riechbar.

KAPITEL VI.

WACHSENDE PILZE AUF DEN FELDERN.

Unter geeigneten Bedingungen können wir Pilze leicht und in großen Mengen auf offenen Feldern anbauen, und das Auspflanzen des Pilzmyzels ist die einzige Mühe, die sie uns bereiten. Während der Spätsommer- und Herbstmonate erscheinen Pilze oft spontan und in großer Menge auf unseren offenen Weiden, aber in ihrem natürlichen Zustand sind sie eine unsichere Ernte, da sie in einem Jahr in größter Menge vorkommen können und im nächsten Jahr vielleicht keine auf den Feldern zu finden sind, auf denen sie im Vorjahr so zahlreich waren. Warum das so ist, ist nicht ganz klar. Die allgemeine Meinung ist, dass es nach einem trockenen Sommer Pilze in Hülle und Fülle auf den Feldern gibt, aber nach einem nassen Sommer sind sie eine sehr seltene Ernte; und die Schlussfolgerung ist, dass die Feuchtigkeit das Pilzmyzel im Boden getötet hat. Dies mag bis zu einem gewissen Grad wahr sein, aber wie kommt es – und es passiert sicherlich oft –, dass gutes Pilzmyzel, das im Frühsommer von Hand auf den Feldern ausgepflanzt wurde, im Herbst Pilze hervorbringt, egal ob der Sommer nass oder trocken war? Gleichzeitig ist es wahr, dass eine Regenperiode unmittelbar nach dem Auspflanzen des Pilzmyzels einen großen Teil davon tötet.

In der Regel sind wilde Pilze am häufigsten auf fruchtbaren, alten, gut entwässerten, hügeligen Weiden zu finden. Trockene, sandige oder nasse Stellen sowie die Nähe von Bäumen und Büschen sollten gemieden werden. Wenn wir versuchen, sie auf offenen Feldern zu züchten, sollten wir versuchen, ähnliche Bedingungen zu schaffen. Die wichtigste Voraussetzung ist ein gutes Myzel, denn ohne dieses können wir keine Pilze züchten.

Nehmen Sie etwa Mitte Juni einen scharfen Spaten in die Weide, machen Sie **V-** oder **T** -förmige Schnitte in die Grasnarbe, etwa zehn Zentimeter tief, und heben Sie eine Seite so weit an, dass ein Stück Laich von zwei bis drei Zentimetern im Quadrat darunter hineingesteckt werden kann. so dass die Grasnarbe etwa fünf Zentimeter unter der Oberfläche liegt, und stopfen Sie dann die Grasnarbe fest. Wenn Sie die Grasnarbe auf diese Weise schneiden und anheben, ohne sie abzubrechen, ist es weniger wahrscheinlich, dass sie im Sommer an Dürre stirbt. Pflanzen Sie auf diese Weise so viel oder wenig wie gewünscht und in einem Abstand von drei, vier oder mehr Fuß voneinander. Im darauffolgenden August oder September sollten sich die Pilze zeigen und mehrere Wochen lang tragen.

Mr. Henshaw aus Staten Island, der sowohl im Freiland als auch im Innenbereich sehr erfolgreich Pilze anbaut, schreibt mir Folgendes: „Sie bitten mich, Ihnen meinen Plan für den Sommeranbau von Pilzen im Freiland zu geben. Er ist sehr einfach. Gegen Ende Juni oder sobald trockenes Wetter einsetzt, entfernen wir die alten Beete aus unserem Pilzhaus, und wenn sich auf dem Boden unserer Beete lebender Pilzbrut befindet, legen wir ihn in eine Schubkarre und bringen ihn aufs Feld, wo wir ihn an offenen Stellen, aber nie unter Bäumen, anpflanzen. Beim Pflanzen heben wir eine Grasnarbe aus und geben eine Schaufel Mist mit dem Pilzbrut in das Loch, legen die Grasnarbe wieder zurück und stampfen sie fest; dies tun wir in Abständen von zwölf Fuß. Wenn wir keinen lebenden Pilzbrut aus unseren Innenbeeten haben, nehmen wir den gewöhnlichen Ziegelbrut und stecken etwa ein Viertel eines Ziegels in jedes Loch, kehren zurück und stampfen die Grasnarbe wie bereits beschrieben fest. Das ist alles, was wir tun. Wenn es nach dem Ausbringen des Pilzbruts auf die Weide eine Trockenzeit gibt, haben wir sicher ein gutes Pilzangebot im Herbst."

Vor einigen Jahren schickte Carter & Co., ein Samenhändler aus London, Folgendes an eine der Gartenzeitschriften: „Die folgende Methode eines unserer Kunden, Pilze auf Wiesen zu züchten, könnte für Ihre Leser interessant sein: Im März (der Mai wäre hier noch früh genug) beginnt er, Kot aus den Ställen zu sammeln. Wenn genug davon zusammengekommen ist, wird er auf die Wiese gebracht, wo er hier und da Löcher von etwa einem Fuß oder achtzehn Zoll im Quadrat damit füllt und die entfernte Erde über das umliegende Gras streut. Wenn alle Löcher gefüllt und verfestigt sind, legt er zwei oder drei Stücke Pilzbrut von etwa einem Quadratzoll in jedes Loch, tritt alles fest, legt den Rasen wieder auf und klopft ihn fest. Mit diesem System erscheinen im August und September Pilze in Hülle und Fülle und ohne weitere Pflege. Die Methode ist einfach und das Ergebnis sicher. Daher sollten alle, die zufällig eine Wiese, eine Koppel oder ein Grasfeld haben und Pilze mögen, das Experiment versuchen … Im fraglichen Fall wurden jedes Jahr frische Löcher gebrütet.“

Kapitel VII.

Mist für Pilzbeete.

Um Pilze erfolgreich und profitabel anzubauen, ist ein Vorrat an frischem Pferdemist erforderlich. Dabei sollte es sich um den allerbesten handeln, der entweder zu Hause hergestellt oder in anderen Ställen gekauft wird. Die Fragen rund um Mist und Laich sind die wichtigsten, mit denen wir uns befassen müssen. Nur sehr wenige stellen ihren eigenen Mist her, da dieser aufgrund seines guten Aussehens gekauft und akzeptiert wird – was oft eher trügerisch ist –, aber das Mistgeschäft liegt vollständig in unseren eigenen Händen, und der Erfolg damit hängt absolut von uns selbst ab. Von schlechtem oder schlecht aufbereitetem Mist können wir vernünftigerweise keine guten Ergebnisse erwarten. Nur aus dem allerbesten Pferdemist, der auf die allerbeste Weise zubereitet wird, können wir auf die allerbeste Ernte der besten Pilze hoffen.

Pferdemist. —Es gibt verschiedene Arten von Pferdemist, die sich in ihrem Wert für Pilzbeete erheblich unterscheiden. Die Art des Mists hängt vom Zustand der Pferde ab, davon, wie sie untergebracht, gefüttert und eingestreut werden und wie mit dem Mist umgegangen wird. Doch während der Mist aller gesunden Tiere für unsere Zwecke nützlich ist, gibt es bei Pferdemist immer noch eine große Auswahl. Wenn wir von der heimischen Versorgung abhängig sind, können wir das, was wir haben, nutzen und das Beste daraus machen, aber wenn wir den Mist kaufen müssen, sollten wir sehr darauf achten, die beste Art von Mist auszuwählen und keinen anderen zu akzeptieren.

Der allerbeste Dünger stammt von kräftigen, gesunden, hart arbeitenden und gepflegten Tieren, die reichlich mit hartem Futter wie Lieschgrasheu und Getreide gefüttert und mit Stroh eingestreut werden. Und wenn die Einstreu ziemlich gut mit Urin durchnässt und unter den Füßen der Pferde zertrampelt wird, umso besser; Tatsächlich ist dies einer der Gründe, warum Mist aus Bauern- und Fuhrmannsställen besser ist als der aus stilvollen Betrieben, in denen alles so peinlich trocken und sauber gehalten wird.

ABB. 19. PERSPEKTIVISCHE ANSICHT DES DOSORIS-PILZKELLERS.

Je frischer der Dünger ist, desto besser. Dünger, der nicht ganz frisch ist, kann jedoch auch ganz gut sein. Stallmist kann sich einige Monate lang in einem Keller ansammeln und ist dennoch erstklassig. Nach der Saison unserer Mistbeete stapele ich unseren Stallmist hoch im Hof, und von Juni bis August wird der Dünger, der täglich aus dem Stall abtransportiert wird, oben auf diesen Stapel gelegt. Mein Ziel ist es, ihn so trocken zu halten, dass er weder heiß werden noch verrotten kann. Im August wird der Stapel abgebaut und der beste Dünger auf eine Seite für Pilze ausgeschüttet, und das lange Stroh und die verrotteten Teile werden auf die andere Seite geworfen. Dieser kurzkörnige Dünger wird, wenn er mit Wasser angefeuchtet und auf einen Haufen geworfen wird und ein oder zwei Tage der Sonne ausgesetzt wird, schnell heiß. Die in Abb. 19 dargestellten Beete wurden aus Dünger angelegt, der im August auf diese Weise hergestellt wurde.

Lassen Sie ganz frischen Mist einige Tage oder sogar vierzehn Tage lang ansammeln, bis genug davon vorhanden ist, um ein Beet anzulegen, und bereiten Sie es dann vor. Achten Sie unbedingt darauf, dass der Mist beim

Ansammeln im Haufen nicht heftig erhitzt wird oder „brennt". Beete aus sehr frischem Mist reagieren schnell und großzügig. Die Ernte fällt von Anfang an reichlich aus und trägt weiterhin viel, solange sie anhält, aber ihre Dauer ist normalerweise kürzer als bei einem Beet aus weniger frischem Mist. Aber insgesamt ergibt es eine bessere und reichhaltigere Ernte als ein Beet, das langsamer anfällt und länger anhält, und die Pilze sind von bester Qualität.

Manche Züchter verwenden nur den Kot und lehnen den gesamten strohigen Teil ab oder so viel davon, wie sie bequem ausschütteln können. Dadurch erhalten sie einen ausgezeichneten Dünger und vielleicht den besten für den Einsatz im kleinen Maßstab oder in kleinen Beeten. Wenn Pilze in Kisten, engen Trögen, halben Fässern und anderen beengten Räumen gezüchtet werden sollen, ist es gut, den Dünger so weit wie möglich zu konzentrieren – verwenden Sie den gesamten Kot und so wenig Stroh wie möglich. Aber Kot allein für große Beete würde zu viel Dünger erfordern und zu viel kosten, und sie wären nicht besser als mit einem gröberen Dünger.

Bewahren Sie den nassen, strohigen Teil des Mists immer zusammen mit dem Kot auf, mischen und gären Sie beides miteinander. Auf diese Weise erhöhen Sie nicht nur die Masse des Misthaufens, sondern sichern sich auch die Vorteile des Urins, ohne die Stärke oder die Gärungseigenschaften des Mists in irgendeiner Weise zu beeinträchtigen. Schütteln Sie den gesamten fauligen, trockenen, strohigen Teil des Mists aus und legen Sie ihn für andere Zwecke beiseite. Er kann als Einstreu in den Ställen, zum Abdecken der Pilzbeete nach deren Herstellung oder für Mistbeete weiterverwendet werden. Wenn er gut mit Stalldrainage oder einfachem Wasser befeuchtet wird, ist er ein fertiges Heizmaterial.

Oftmals, wenn es uns an selbstgemachtem Mist mangelte, kaufte ich hier und da einige Ladungen von verschiedenen Ställen im Dorf, mischte alles zusammen und verarbeitete es zu Beeten mit hervorragenden Ergebnissen. Manchmal, wenn der Mist, den ich aufbereitete, ziemlich alt und kühl war, habe ich ihm einen fünften oder zehnten Teil frischen Kot hinzugefügt, was die Erhitzung sehr beschleunigte und sich offensichtlich positiv auf die Ernte auswirkte.

Es wird allgemein angenommen, dass der Mist von ganzen Pferden besser für Pilze ist als der von anderen Pferden, aber positive Beweise in dieser Richtung sind mir noch nie untergekommen. Einige Praktiker behaupten, dass es keinen Unterschied gibt. Herr John G. Gardner von der Rancocas Farm, der reichlich Gelegenheit hatte, diese Angelegenheit zu testen, erzählt mir, dass er es einem fairen Versuch unterzogen und keinen Unterschied in der Qualität oder Quantität der aus Beeten gezüchteten Pilze feststellen konnte aus dem Mist von ganzen Pferden und solchen, die aus Betten aufgezogen wurden, die aus dem Mist von anderen, ebenso gut ernährten Tieren hergestellt wurden. Die Pariser Züchter bestehen jedoch darauf, dass es einen Unterschied zugunsten ganzer Pferde gebe, insbesondere bei hart arbeitenden Tieren, die schwere Lasten schleppen.

Die meisten Autoren, die sich mit der Pilzzucht beschäftigen, verurteilen den Mist von Pferden, die größtenteils mit Karotten gefüttert werden, entschieden; tatsächlich ist dies einer der *Punkte* in jedem Buch über Pilze, das ich gelesen habe. Sehen wir uns einige praktische Fakten an: In Dosoris gibt es in einem Keller zwei Schelfbeete; jedes ist neun Meter lang, drei Meter breit und neun Zoll tief, und beide tragen einen sehr dichten Pilzbestand. Das Material in diesen Beeten besteht zu drei Teilen aus Pferdemist und zu einem Teil aus gehacktem Rasenlehm, die von Anfang an miteinander vermischt und vergoren wurden. Der Mist wurde im November 1888 aus den Ställen vor Ort gerettet, das Material im Dezember vorbereitet, die Beete am 17. Dezember angelegt, am 24. Dezember gezüchtet, am 31. Dezember überformt und am 7. Februar 1889 die ersten Pilze gesammelt. Diese Beete trugen bis Mitte April gut. Die Pilze waren im Durchschnitt nicht so groß wie in den tieferen Beeten auf dem Kellerboden, aber sie wogen ungefähr drei Viertel bis eine Unze pro Stück, und viele waren sogar noch schwerer. Es ist jedoch fast immer so, dass die Ernte auf dünnen Beeten im Durchschnitt geringer ausfällt als auf dicken Beeten, und das ist besonders nach der ersten Ernte erkennbar, unabhängig davon, welche Art von Gärmaterial verwendet wurde. Als der für diese Beete verwendete Mist im Stall aufbewahrt wurde, wurden die Pferde nur sehr wenig beansprucht, und jedes Pferd bekam zusätzlich zu Heu und etwas Hafer und Kleie etwa ein Drittel Scheffel Karotten pro Tag. Und dies ist der Mist, der für die späten Pilzbeete verwendet wird, und dennoch werden gute Ernten und gute Pilze produziert. Dies ist nicht nur die Erfahrung aus einjähriger Praxis, sondern die regelmäßige Routine vieler.

Vielleicht möchte jemand fragen: Halten Sie den Mist von mit Karotten gefütterten Pferden für genauso gut wie den Mist von Tieren, an die keine Karotten oder andere Hackfrüchte verfüttert wurden? Meine Antwort lautet: ganz bestimmt nicht. Der Mist von mit Karotten gefütterten Tieren ist zwar nicht der beste, aber dennoch gut, und wer viel davon hat, kann auch viele Pilze haben. Die völlige Ablehnung des Mists von mit Karotten gefütterten Pferden, der in den Köpfen und Federn von Gartenbauautoren so nachdrücklich stereotypisiert ist, basiert nicht immer auf Tatsachen.

Mist von Maultieren. „Dies gilt als der Wert, der dem von ganzen Pferden am nächsten kommt, und einige französische Züchter gehen sogar so weit zu sagen, dass es genauso gut ist." Herr John G. Gardner erzählt mir von einer außergewöhnlichen Pilzernte, die er einst hatte und die den Veteranen

Samuel Henshaw in Erstaunen versetzte, und dass sie aus Beeten stammte, die aus Mist aus Maultierställen bestanden. Mit Sicherheit gab es vor vier Jahren bei Mr. Wilbur in South Bethlehem, Pennsylvania, die größte Pilzernte, die ich je gesehen habe, und die Beete bestanden aus sauberem Maultierkot aus den Kohlengruben. Maultiermist ist in großen Mengen auf unseren Maultierhöfen erhältlich, die es in fast jeder großen Stadt in den Mittel- und Südstaaten gibt. Es aus den Minen zu holen kostet mehr als es wert ist, außer als schicker Artikel; Die Männer werden es nicht zu einem vernünftigen Preis einsammeln und aufbewahren.

Kellermist. — Viele Ställe haben Keller unter sich, in die der Mist und der Urin bei der täglichen Reinigung geworfen werden. Diese Keller werden im Allgemeinen nicht ausgemistet, bevor sich eine Menge Mist darin angesammelt hat, sagen wir, über ein paar Wochen oder Monate oder eine Winterernte, und er ist normalerweise ziemlich gut durch den Urin befeuchtet. Wenn dieser Mist im Keller nicht zu trocken und „feuerrot" geworden ist, ist er hervorragend für Pilze geeignet. Wir kaufen viel davon, lehnen aber die sehr trockenen und weißverbrannten Teile ausdrücklich ab. Manchmal wird der Mist aus den Kuhställen sowie aus den Pferdeställen zusammen in den Keller geworfen; dann würde ich weniger für den Mist geben, besonders wenn der Kuhmist vorherrscht, weil er beim Bearbeiten zu kalt und feucht und breiig bleibt; aber wenn nicht genug Kuhmist vorhanden ist, um der Masse einen breiigen Charakter zu verleihen, werden daraus hervorragende Pilzbeete. Schweine haben oft freien Auslauf im Mistkeller, wie es in der Regel auf Bauernhöfen der Fall ist. Ich würde keinen Teil dieses gemischten Schweinemists verwenden. Myzel meidet Schweinemist; außerdem ist er unrein und übelriechend und ein Nährboden für schädliches Insektenungeziefer. Es spielt bei Kellermist kaum eine Rolle, welche Art von Einstreu verwendet wird, aber ich würde ihn nicht kaufen, wenn Sägemehl oder Salzheu als Einstreu verwendet worden wäre. Keines dieser Materialien ist in begrenzter Menge schädlich für die Pilze; gleichzeitig sind sie weit weniger wünschenswert als Stroh, Feldheu, deutsches Torfmoos oder Maisstängel, und es gibt beim Pilzanbau genug Risiken, ohne dass wir irgendwelche eingehen müssen, die wir ebenso gut vermeiden können.

Stadtstallmist. —In der Umgebung von New York ist dieser immer in jeder Menge zu einem vernünftigen Preis erhältlich und er ist ein erstklassiger Dünger für Pilzbeete. Gemüsegärtner bringen eine Ladung Gemüse zum Markt und eine Ladung Dünger zurück; andere kaufen und transportieren Dünger auf die gleiche Weise nach Hause oder vereinbaren einen Fuhrmann, der dies für sie erledigt. Aber die ganze Angelegenheit mit dem Stadtdünger wird jetzt so geschickt von Agenten gehandhabt, die ein Spezialgeschäft daraus machen, dass wir jede Menge Dünger, von einem 500-Pfund-Ballen bis zu einer unbegrenzten Anzahl von Ladungen, und in fast jeder Qualität bekommen können, geliefert nah oder fern, im Inland oder an der Küste, zu einem ziemlich moderaten Preis. Es ist der Stadtstallmist, den fast alle unsere großen Marktgärtner für ihre Pilzbeete verwenden. Wenn sie ihn im Stall abholen und selbst nach Hause karren, wissen sie, was sie handhaben, und sollten nur frischen Pferdemist nehmen. Wenn Sie ihn bei einem Agenten bestellen, achten Sie darauf, dass Sie den frischesten und saubersten, reinsten Pferdemist bestellen. Er wird ihn für Sie besorgen. Wir bekommen von ihnen jedes Jahr mehrere hundert Ladungen dieses ausgewählten Düngers für Brutbeete und finden ihn ausgezeichnet. Wir bekommen auch 1000 bis 2000 Ladungen des üblichen New Yorker Stalldüngers pro Jahr für unsere allgemeinen Freilandkulturen, und auch das ist auf seine Art ein hervorragender Dünger, aber nicht so gut wie der ausgewählte Dünger für Pilze. Er ist ein wenig gemischt und riecht sehr streng, und in Pilzbeeten bringt er normalerweise eine Menge unechter Pilze hervor. Fast alle unserer größten Pilzzüchter, Van Siclen aus Jamaika, Denton aus Woodhaven, Connard aus Hoboken und andere, leben in bequemer Fahrdistanz zur Stadt und können den allerbesten Dünger zu einem sehr günstigen Preis auswählen und erhalten.

Geballter Mist. – Innerhalb von ein oder zwei Jahren wurde ein Großteil unseres städtischen Pferdemists in Ballen gepackt und so verschifft und verkauft. Jeder Ballen enthält 350 bis fast 500 Pfund und wird auf ungefähr dieselbe Weise wie Heuballen zusammengestellt, gepresst und verschnürt. Die Hauptvorteile der Ballen sind folgende: Nur der sauberste Pferdemist wird auf diese Weise gepackt; Kuhmist, Innereien, verbrauchter Hopfen oder anderer kurzer oder weicher Mist sind nicht in den Ballen enthalten, und aus Transportgründen ist auch kein übelriechender Mist jeglicher Art darin erlaubt. Die Eisenbahnen erlauben das Abladen von geballtem Mist auf ihren Bahnsteigen und näher an ihren Bahnhöfen, als sie losen Mist zulassen würden; und es kommt oft vor, dass ein Agent eine Waggonladung zu einem Bahnhof schickt und sie dort ablädt, so dass die Leute in der Umgebung, die nur kleine Gartengrundstücke haben, die Möglichkeit haben, einen oder mehrere Ballen zu kaufen, genau wie sie sie brauchen, und nicht, wie es normalerweise der Fall ist, eine ganze Ladung kaufen müssen, wenn sie nur eine halbe Ladung brauchen. Diese Ballen sind ein wahrer Segen für Leute, die gerne ein kleines Pilzbeet in ihrem Keller haben möchten und keinen anderen Dünger haben. Bringen Sie einen oder mehrere Ballen nach Hause, öffnen Sie sie, verteilen Sie den Dünger ein wenig und wenden Sie ihn ein paar Mal, wenn er heiß ist. Dann ist er bald einsatzbereit. Oder wenn Sie den Ort nicht verunreinigen möchten, rollen Sie die Ballen in den Keller, Schuppen oder wo auch immer Sie sie sonst verwenden möchten, mischen Sie etwa ein Viertel ihrer Lehmmasse mit dem Dünger und bereiten Sie sofort das Beet vor.

Das Gesundheitsamt von New York City bemüht sich nachdrücklich, die Stadt von jeglicher Ansammlung von Dünger zu befreien und hat vor einem Jahr einen Plan in Erwägung gezogen, die Düngemittelverantwortlichen aus hygienischen Gründen zu zwingen, den Stalldünger in Ballen zu packen. Und vielleicht ist dies der Grund, warum er so leicht zu beschaffen ist: Ein Herr aus New York, der Pilze züchten möchte, schreibt mir: „Ich bekomme meinen Dünger in Ballen aus der Stadt. Es kostet mich nur die Fracht zu meinem Wohnort in White Plains." Glücklicher Herr! Da er jede Menge des besten Stalldüngers gratis bekommt, ist es kein Wunder, dass er auf das Pilzschiff gehen möchte.

Kuhmist. — Dieser wird manchmal zusammen mit Pferdemist verwendet, um das Material für Pilzbeete herzustellen, und mehrere europäische Autoren befürworten seine Verwendung nachdrücklich. Aber ich habe ihn immer wieder und auf verschiedene Weise ausprobiert und bin überzeugt, dass er keinerlei Vorteile gegenüber einfachem Pferdemist hat, wenn er überhaupt genauso gut ist. Er wird von den Marktgärtnern in diesem Land nicht verwendet.

Die beste Art von Kuhmist sollen die trockenen Späne sein, die auf den offenen Weiden gesammelt werden; Diese werden nach Hause gebracht, fein gehackt und mit Pferdemist vermischt. Der Zeit- und Kostenaufwand für das Sammeln und Zerkleinern dieser „Chips" übersteigt bei weitem alle Vorteile, die sich daraus ergeben könnten, egal wie wünschenswert sie auch sein mögen. Die nächstbeste Art von Kuhmist ist der von Stallvieh, an das nur Trockenfutter wie Heu und Getreide verfüttert wird. Dies ist außer im Winter nur selten und dann nur für Federkernbetten erhältlich . Dies habe ich frei verwendet. Ein Drittel bis zwei Drittel davon trockener Pferdemist lassen sich sehr gut verarbeiten, erwärmen sich mäßig, behalten lange ihre Wärme, auch ihre Feuchtigkeit ohne Tendenz zur Klebrigkeit; Das Myzel breitet sich wunderbar darin aus und es entstehen feine Pilze. Dennoch ist es nicht besser als normaler Pferdemist. Die ärmste Art von Kuhmist ist der frische Mist von Rindern, die mit grünem Gras, Silage und Hackfrüchten gefüttert werden. tatsächlich kann ein solcher Mist nicht allein verwendet werden; Es muss reichlich mit etwas absorbierendem Material wie trockenem Lehm, deutschem Moos, trockenem Pferdemist und dergleichen vermischt werden, und selbst dann habe ich seine Vorteile überhaupt nicht erkannt; Es ist eine schmutzige Masse zum Arbeiten und ziemlich kalt.

Bei der Herstellung von Laich ist jedoch Kuhmist eine notwendige Zutat, und auch hier ist der Mist von trocken gefütterten Tieren besser als der von Tieren, die mit Grün- und anderem Weichfutter gefüttert werden. Aber mein Haupteinwand gegen die Verwendung von Kuhmist in den Pilzbeeten ist, dass es ein beliebter Brut- und Futterplatz für Scharen von schädlichen

Käfern, Maden und Regenwürmern ist – Kreaturen, die wir besser abwehren sollten, als sie in uns zu fördern Pilzbeete.

Deutscher Torfmoos-Stalldünger für Pilzbeete. — Obwohl ich noch keine Gelegenheit hatte, dieses Material für Pilzbeete auszuprobieren, hat Mr. Gardner aus Jobstown großes Vertrauen in es; ebenso der Prinz der englischen Pilzzüchter, Richard Gilbert aus Burghley, der in den englischen Gartenzeitungen von seinen Erfolgen beim Pilzanbau damit berichtet. Dieses Torfmoos ist in diesem Land verhältnismäßig neu und wird anstelle von Stroh als Einstreu für Pferde verwendet. Es ist ein hervorragendes Absorptionsmittel und saugt einen Großteil des Urins auf, der bei Verwendung von Stroh wahrscheinlich in die Kanalisation gelangen würde. Dem wird seine große Wirksamkeit beim Pilzanbau zugeschrieben. Es sollte mit Lehm vermischt werden, wenn es für Pilzbeete verwendet wird.

ABB. 20. BALLEN MIT DEUTSCHEM TORFMOOS.

Sägemehl-Stallmist für Pilzbeete. —Das ist der Mist, der aus Ställen gewonnen wird, in denen Sägemehl als Einstreu für die Pferde verwendet wurde. Es ist ein gutes Absorptionsmittel und speichert einen Großteil der stabilen Benetzung. Solcher Mist gärt gut, lässt sich gut zu Beeten verarbeiten, das Myzel wächst gut darin und es entstehen daraus gute Pilze. Aber wenn ich einen anderen einigermaßen guten Mist bekäme, würde ich ihn nicht verwenden. Ich erinnere mich, dass ich es vor einigen Jahren bei Mr. Henshaw gesehen habe. Er hatte eine Menge frischen Stallmist von den Kohlehöfen in Brighton gekauft, wo Sägemehl als Einstreu für die Pferde verwendet worden war, und diesen verwendete er für seine Pilzbeete. Ein paar Monate später ging ich noch einmal dorthin, um mir das Bett in der Praxis anzusehen, aber es war kein Erfolg. Gleichzeitig verzeichnen einige europäische Landwirte große Erfolge mit Sägemehl-Stallmist. George Bolas aus Hopton, Wirkeworth, England, schickte Exemplare von Pilzen, die er auf Sägemehlmistbeeten züchtete, an den Herausgeber des *Garden* , der sie als „in jeder Hinsicht ausgezeichnet" bezeichnete. Herr Bolas sagt: „Beim Anrichten des Beetes habe ich etwa ein Drittel der verbrannten Erde mit Sägemehl, Sand und Kot vermischt. Die Pilze keimten länger als sonst, da das Beet in einem engen Schuppen ohne jegliche Heizung stand." Wie dem auch sei, sie haben meine Erwartungen weit übertroffen.

Auch Richard Gilbert aus Burghley schrieb am 25. April 1885 an den *Garten* : „Es ist nichts Neues, Pilze in Sägemehl zu züchten. Ich mache das hier schon seit Jahren, das heißt, nachdem es als Pferdestreu gedient hatte und mit deren Kot vermischt wurde. Ich konnte nie den geringsten Unterschied in Größe oder Qualität zwischen in Sägemehl gezüchteten Pilzen und solchen, die auf herkömmliche Weise gezüchtet wurden, feststellen."

Baumblätter. — Waldbaumblätter werden oft für Pilzbeete verwendet, manchmal allein, anstelle von Mist, aber häufiger gemischt mit Pferdemist, um die Masse des gärenden Materials zu erhöhen. Eichenblätter sind am besten; schnell verrottende Blätter wie die von Kastanien, Ahorn oder Linden sind nicht so gut, und die von Nadelbäumen sind absolut nutzlos. Da die Blätter in einem Zustand sein müssen, in dem sie sich leicht erhitzen lassen, sollten sie frisch sein; solche sind leicht zu beschaffen, bevor der Winter einsetzt, aber im Frühling, nachdem sie im Winter im Schnee und Regen gelegen haben, ist ihre „Lebenskraft" größtenteils verschwunden. Aber wir können im Herbst eine große Menge trockener Blätter beschaffen und sie dort aufstapeln, wo sie trocken bleiben, bis sie verwendet werden. Bei Bedarf können wir einen Teil dieses Stapels vorbereiten, indem wir die Blätter befeuchten, sie unter Schutz in einen warmen, nach Süden ausgerichteten Schuppen bringen und die Gärung auf andere Weise unterstützen, als ob wir ein Mistbeet vorbereiten würden. Während das Befeuchten der Blätter mit sauberem Wasser eine gute Gärung bewirkt, sorgt das Befeuchten mit Flüssigkeit aus den Urintanks des Pferdestalls für eine lebhafte Hitze und schafft für Pilze angenehmere Bedingungen.

Pilzbeete, die ganz oder teilweise aus gärenden Baumblättern bestehen, sollten viel tiefer sein, als es nötig wäre, wenn nur Pferdemist verwendet würde; bei der Verwendung von halb Blättern und halb Mist sollten sie etwa 38 cm tief sein; bei ausschließlicher Verwendung von Blättern sollten sie etwa 50 bis 75 cm tief sein.

Pilzbrut wächst zwar ungehindert in Laubbeeten und wir können dort gute Pilze ernten, aber ich bin der Überzeugung, dass wir aus diesen Beeten oder einer Abwandlung davon nicht so gute Ernten erzielen wie aus gewöhnlichen Stallmistbeeten. Und das ist nicht weiter verwunderlich, wenn man bedenkt, dass man den Wildpilz kaum jemals in der Nähe von Bäumen oder an Orten findet, an denen Lauberde abgelagert wird.

Verbrauchter Hopfen. — Wir können ihn auf eine Weise gut gebrauchen. Wenn wir nicht genügend gutes Material für ein Pilzbeet haben, können wir das Beet zunächst 20 bis 25 cm hoch mit gärendem, verbrauchtem Hopfen füllen und darüber eine 10 bis 12 cm dicke Schicht Pferdemist oder eine Mischung aus Pferdemist und Lehm legen. Der Hopfen hält die Wärme und der Mist bietet dem Pilzmyzel ein angenehmes Zuhause. Wir sollten jedoch nie ausschließlich verbrauchten Hopfen verwenden und auch nicht so nah an der Oberfläche des Beets, dass der Pilzmyzel hindurchwandern muss.

Den verbrauchten Hopfen gibt es umsonst und unsere Stadtbrauereien bezahlen den Misthändlern sogar eine Prämie für die Abholung des Hopfens.

KAPITEL VIII.

VORBEREITUNG DES DÜNGES.

Besorgen Sie sich möglichst hochwertigen frischen Pferdemist in ausreichender Menge für die Beete, die Sie anlegen möchten. Bringen Sie ihn dann in einen geeigneten Zustand zum Anlegen von Beeten. Dies kann im Freien oder unter dem Schutz eines Schuppens erfolgen, vorzugsweise jedoch im Schuppen. Im Freien ist der Mist dem austrocknenden Einfluss von Sonne und Wind ausgesetzt und kann auch durch Regen zu nass werden. Unter einem Schutz haben wir jedoch die volle Kontrolle über seinen Zustand. Der gesamte Mist für Beete wird zwischen Juli und Ende Oktober im Freien auf einem trockenen Stück Boden zubereitet. Was jedoch nach dem 1. November den ganzen Winter über verwendet wird, wird in einem nach Süden offenen Schuppen verarbeitet. In den Herbstmonaten kommen wir im Freien sehr gut damit zurecht. Bedecken Sie den Haufen nach jedem Wenden mit strohiger Einstreu, um ihn vor dem austrocknenden Einfluss von Sonne und Wind zu schützen. Entfernen Sie diese Abdeckung beim nächsten Wenden und legen Sie als Vorsichtsmaßnahme gegen Regen leichte Holzläden darauf. Im Schuppen ist der Mist im Winter vor Regen und Schnee geschützt und wir können ihn immer bequem verarbeiten. Wenn der Schuppen nach Süden offen ist – wie es bei Wagen- und Holzschuppen häufig der Fall ist –, profitieren wir von der warmen Sonneneinstrahlung am Tag, um die Gärung des Mists anzuregen. Bei trübem, kaltem Wetter sollten Sie den Haufen jedoch gut mit Stroh und Fensterläden abdecken, um die Wärme darin zu erzeugen. Insgesamt wäre ein warmer, geschlossener Schuppen besser.

Es kommt selten vor, dass man auf einmal so viel Dünger bekommt, wie man braucht; er sammelt sich nach und nach an. Das ist beim Marktgärtner der Fall, der viele Tonnen verwendet und sie nach und nach aus den städtischen Ställen nach Hause bringt; ebenso beim privaten Gärtner, der nur ein paar Scheffel oder eine halbe Klafter verwendet und sie über Tage oder Wochen aus seinem eigenen Stall ansammeln lässt. Wenn sich der Dünger ansammelt, werfen Sie ihn mit Stroh und allem auf einen Haufen, aber nicht auf einen so großen Haufen, dass er sich heftig erhitzt; und achten Sie besonders darauf, dass er im Haufen nicht „Feuer fängt" oder „brennt". Wenn er die Tendenz dazu zeigt, drehen Sie ihn locker um, besprenkeln Sie ihn großzügig mit Wasser, verteilen Sie ihn ein wenig und werfen Sie ihn nach ein paar Stunden oder wenn er gut abgekühlt ist, wieder auf einen Haufen und treten Sie ihn fest, damit er feucht bleibt und sich nicht zu schnell erhitzt.

Wenn sich genug Mist für ein Beet angesammelt hat, bereiten Sie ihn folgendermaßen vor: Drehen Sie ihn um, schütteln Sie ihn locker und vermischen Sie alles gut miteinander. Werfen Sie den trockenen, strohigen Teil beiseite, ebenso jeden weißen „verbrannten" Mist, der sich darin befinden könnte, und alle Fremdstoffe wie Stöcke, Steine, alte Dosen, Knochen, Lederriemen, Lumpen, Eisenreste oder anderen Müll, den wir normalerweise in Misthaufen finden, aber werfen Sie nichts von dem nassen Stroh weg; tatsächlich sollten wir versuchen, das gesamte Stroh aufzubewahren, das im Stall gut befeuchtet wurde. Wenn der Mist zu trocken ist, zögern Sie nicht, ihn großzügig mit Wasser zu besprenkeln, und es wird eine ganze Menge Wasser brauchen, um einen Haufen trockenen Mist gut zu befeuchten. Werfen Sie ihn dann in einen kompakten, länglichen Haufen von etwa drei oder vier Fuß Höhe und treten Sie ihn ein wenig fest. Dies soll ein hastiges und heftiges Erhitzen und „Verbrennen" verhindern, denn fest gepackter Mist erhitzt sich nicht so leicht und wird nicht so schnell weiß wie ein locker zusammengeworfener Haufen. Lassen Sie es in Ruhe, bis die Gärung zügig eingesetzt hat, was im Frühherbst zwei oder drei Tage oder im Winter sechs bis zehn Tage dauern kann. Drehen Sie es dann erneut um, schütteln Sie es gründlich und locker und lassen Sie das, was vorher außen war, jetzt innen und das, was vorher innen war, jetzt außen; und wenn es irgendwelche übermäßig trockenen Teile gibt, befeuchten Sie sie währenddessen. Bringen Sie den Haufen wieder in die gleiche Form wie vorher und treten Sie ihn wieder fest fest. Dieses Verdichten des Haufens bei jedem Umdrehen verringert die Anzahl der erforderlichen Umdrehungen. Wenn heißer Mist umgedreht und locker auf einen Haufen geworfen wird, gewinnt er seine große Hitze so schnell zurück, dass er innerhalb von 24 Stunden erneut umgedreht werden muss, um ihn vor dem Verbrennen zu bewahren, und alle Praktiker wissen, dass bei jedem Umdrehen Ammoniak verschwendet wird – die wirksamste Nahrung des Pilzes. Wir sollten daher versuchen, mit so wenig Umdrehungen wie möglich auszukommen; gleichzeitig sollten wir niemals zulassen, dass ein Teil des Mists verbrennt, selbst wenn wir den Haufen jeden Tag umdrehen müssen. Diese Umwälzungen sollten so lange fortgesetzt werden, bis der Mist seine Neigung zur heftigen Erhitzung verloren hat und sein heißer, strenger Geruch verschwunden ist – normalerweise nach etwa drei Wochen. Wenn der Mist oder ein Teil davon beim Umwälzen zu trocken ist, sollte der trockene Teil mit Wasser besprenkelt und in der Mitte des Haufens aufbewahrt werden. Normalerweise wird zum Befeuchten des Mists klares Wasser verwendet, aber ich verwende manchmal Flüssigkeit aus den Stalltanks, die nicht nur den Zweck erfüllt, die trockenen Materialien zu befeuchten, sondern auch ein starkes Stimulans und eine willkommene Ergänzung zum Mist ist. Es sollte jedoch äußerste Wachsamkeit walten gelassen werden, um eine Überfeuchtung des Mists zu vermeiden; es ist weitaus besser, auf der Seite der Trockenheit zu versagen als auf der Seite der Nässe.

Wenn der Mist von vornherein zu feucht ist, sollte er dünn und locker ausgebreitet und, wenn möglich, der Sonne und dem Wind ausgesetzt werden, um zu trocknen. Das Trocknen durch Aussetzen auf diese Weise ist nicht so anstrengend wie das „Verbrennen" in einem heißen Haufen, und es ist besser, auf jede andere Methode zum Trocknen des Mists zurückzugreifen, als ihn nass zu verwenden. Wenn der Mist aufgrund des Wetters oder mangelnder Trocknungsmöglichkeiten nicht ausreichend getrocknet werden kann, fügen Sie trockenen Lehm, trockenen Sand, trockene, halb verrottete Blätter, trockenes Torfmoos, trockene Spreu oder trockenes, fein geschnittenes Heu oder Stroh hinzu und mischen Sie alles zusammen.

Den richtigen Zustand des Düngers, was Trockenheit oder Feuchtigkeit betrifft, kann man leicht erkennen, indem man ihn anfasst. Nehmen Sie eine Handvoll Dünger und drücken Sie ihn fest zusammen. Er sollte flüssig genug sein, um als Klumpen zusammenzuhalten, und so trocken, dass Sie keinen Tropfen Wasser herauspressen können.

Einige private Gärtner in England legen besonderen Wert darauf, den frischen Kot jeden Tag in den Ställen zu sammeln und ihn zum Trocknen auf dem Boden eines Schuppens oder einer Scheune auszubreiten. Auf diese Weise wird er trocken gehalten und vor Erhitzung geschützt, bis genug für ein Beet angesammelt ist, das vollständig aus diesem Material besteht oder teilweise aus diesem und teilweise aus Lehm. Aber Gemüsegärtner, deren Lebensunterhalt von den Feldfrüchten abhängt, die sie anbauen, wenden diese Methode nie an, und der Patriarch der Branche, Richard Gilbert, verurteilt diese Praxis uneingeschränkt.

Verschiedene Züchter haben unterschiedliche Vorstellungen von der Vorbereitung des Düngers für Pilzbeete, aber das Ziel aller ist, den Dünger mit möglichst wenig Arbeit und Kosten in den bestmöglichen Zustand zu bringen und darauf zu achten, dass dem Dünger nicht mehr Ammoniak entzogen wird als unbedingt nötig. Siehe Mr. Gardners Methode zur Vorbereitung des Düngers, S. 22.

Lehm und Mist gemischt. – Pilzbeete bestehen oft aus Lehm und Mist, die miteinander vermischt sind, wobei etwa ein Drittel oder ein Viertel des Ganzen aus Lehm besteht und die anderen zwei Drittel oder drei Viertel aus Mist bestehen; Wenn ein größerer Lehmanteil verwendet wird, werden die Beete eher kalt, es sei denn, sie sind ungewöhnlich tief. Ich bin nicht bereit zu behaupten oder zu leugnen, dass dieses gemischte Material irgendwelche Vorteile gegenüber einfachem Mist hat; Ich benutze es jedes Jahr regelmäßig und mit guten Ergebnissen; Gleichzeitig erziele ich möglichst gute Erträge aus den einfachen Mistbeeten. Aber es hat viele herzliche Freunde, die ausgezeichnete Züchter sind.

Bei der Zubereitung dieses Mischmaterials verwende ich frischen, gut zerkleinerten Grasnarbenlehm und füge ihn auf folgende Weise zum Mist hinzu: Zuerst den Mist auswählen und zum Gären auf einen Haufen werfen, wie zuvor erklärt; Dann bedecken Sie den Haufen nach dem ersten Wenden mit einer etwa drei bis vier Zoll dicken Schicht dieses Lehms, die ausreicht, um den Dampf zurückzuhalten. Bei der nächsten Wendung vermischen Sie diese Lehmhülle mit dem Mist, und wenn der Haufen quadratisch ist, fügen Sie eine weitere Schicht Lehm in der gleichen Dicke auf die gleiche Weise wie zuvor hinzu und so weiter bei jeder Wendung, bis die gesamte Masse gebrauchsfähig ist , und der gesamte Lehmanteil, sagen wir ein Viertel der gesamten Masse, wurde hinzugefügt. Auf diese Weise wird ein Großteil des Ammoniaks, das andernfalls aus der Gülle verdampfen würde, aufgefangen und zurückgehalten.

Einige Landwirte geben beim ersten Ausschütteln ihres frischen Mists die gesamte Menge Lehm auf einmal hinzu und vermischen alles miteinander. Andere wiederum, zum Beispiel Herr Denton aus Woodhaven, bereiten den Mist auf die übliche Weise zu und fügen, wenn er gebrauchsfertig ist, die Lehmmenge hinzu. Ich verwende guten Rasenlehm aus zwei Gründen, nämlich weil er der beste ist, der für diesen Zweck verwendet werden kann, und weil er außerdem nach der Verwendung in den Pilzbeeten ein hervorragendes Material ist und sich in einem guten Zustand für die Verwendung in Blumentöpfen eignet Weichholzpflanzen. Aber der Lehm, der üblicherweise zum Mischen mit dem Mist verwendet wird, ist gewöhnlicher Feldboden. Wenn der Lehm und auch der Mist von Anfang an feucht sind, ist die Wahrscheinlichkeit, dass das Material während der Vorbereitung zu trocken wird, sehr gering. Und es ist viel weniger Vorbereitung nötig, denn die Anwesenheit von Lehm verringert die Wahrscheinlichkeit einer überstürzten, heftigen Gärung erheblich.

Mr. Withington aus South Amboy, NJ, verwendet eher eine geringe Menge Lehm in seinem Dünger. Er schreibt mir: „Wir haben unsere Beete dieses Jahr mit einem gewissen Anteil Lehm im Dünger angelegt, sagen wir ein Teil Lehm auf acht Teile Dünger, haben aber bisher immer klaren Dünger verwendet, und ich denke, die Beete halten länger, als wenn nur Dünger verwendet wird.“

KAPITEL IX.

DIE PILZBETTEN ANLEGEN.

Der Platz im Keller, Schuppen, Haus oder anderswo, wo wir die Pilze anbauen wollen, sollte bereit sein, sobald der Mist gut vorbereitet wurde und sich in einem ordnungsgemäßen Zustand für die Verwendung befindet. Das Bett oder die Betten sollten sofort bezogen werden. Die Dicke der Beete hängt stark von den Umständen ab, beispielsweise von der Qualität des Mists – ob es sich um einfachen Pferdemist oder eine Mischung aus Mist und Lehm handelt – oder davon, ob die Beete in beheizten oder unbeheizten Gebäuden angelegt werden sollen. und auf dem Boden oder auf Regalen. Bodenbetten sind im Allgemeinen neun bis fünfzehn Zoll tief; etwa neun Zoll im Falle von Gülle allein in warmen Räumen und zehn bis vierzehn Zoll bei Verwendung von Gülle und Lehm. In kühlen Häusern werden die Betten einige Zentimeter tiefer gemacht, um eine gleichmäßige, milde Wärme über einen langen Zeitraum aufrechtzuerhalten. Die Betten können flach oder geriffelt oder wie eine abgerundete Bank an der Wand sein; Die flache Form ist jedoch am gebräuchlichsten und am praktischsten, wenn im selben Gebäude auch Regale verwendet werden. Regalbetten sind im Allgemeinen neun Zoll tief; das heißt, die Tiefe eines Bretts.

Beim Anlegen der Beete bringen Sie den Mist herein, schütteln ihn locker auf und verteilen ihn gleichmäßig über das Beet. Stampfen Sie ihn dabei mit der Rückseite der Gabel fest nach unten und fahren Sie so fort, bis die gewünschte Tiefe erreicht ist. Wenn es sich um ein Bodenbeet handelt und kein Hindernis wie ein Regal darüber vorhanden ist, treten Sie den Mist fest und gleichmäßig nach unten. Wenn der Mist ziemlich trocken und in gutem Zustand ist, ist er ziemlich fest und noch elastisch, aber wenn er zu feucht und schlecht vorbereitet ist, wird er durch das Stampfen wie nasser, verfaulter Mist zusammengepresst.

Stechen Sie nun ein Loch in das Beet und stecken Sie ein Thermometer hinein. Für diesen Zweck gibt es „Erd-" oder „Unterhitze"-Thermometer, wie Gärtner sie nennen, aber jedes gewöhnliche Thermometer reicht völlig aus; und nach zwei oder drei Tagen überprüfen Sie dieses Thermometer täglich, um zu sehen, wie hoch die Temperatur des Mists im Beet ist. In geräumigen oder luftigen Gebäuden oder wo nur ein kleines Bett gemacht wurde, kann es in der Zwischenzeit in diesem Zustand belassen werden. Aber in einem engen Keller stelle ich fest, dass die warme Feuchtigkeit, die aus dem Beet entsteht, in der Atmosphäre kondensiert und sich oben auf dem Mist absetzt, wodurch er vollkommen nass wird. Um dem entgegenzuwirken, verteile ich, sobald das Beet fertig ist, locker etwas Stroh oder Heu darüber; Die Feuchtigkeit setzt sich auf der Abdeckung ab und gelangt nicht bis zum Mist. Achten Sie darauf, das Bett nicht zu sehr zu bedecken, da es dadurch zu einer Überhitzung im Bett kommt. Entfernen Sie zur Laichzeit diese Abdeckung. Das Bett ist dann so abgekühlt (80° oder 90°), dass nur sehr wenig Verdunstung stattfindet und daher die Gefahr einer Oberflächenbenetzung gering ist.

Die richtige Temperatur. – Bei Pilzbeeten hängt dies von den Materialien ab, aus denen sie bestehen, von ihrer Dicke, von der Art und Weise, wie sie gebaut sind, von der Situation, in der sie sich befinden, und von anderen Umständen. Wenn der Mist von Anfang an gut und frisch war, sorgfältig vorbereitet und sofort verwendet wurde, wird sich das Beet in ein paar Tagen auf 125° oder etwas mehr oder weniger erwärmen, und das ist sehr gut. Meine besten Betten zeigten immer eine maximale Hitze zwischen 120° und 125°. Wäre der Mist ein paar Tage zu früh verwendet worden, würde die Hitze höher steigen, vielleicht auf 135°, aber das ist zu warm; In diesem Fall würde ich die Oberfläche des Beetes ein paar Zentimeter tief eingraben, um die Hitze entweichen zu lassen, und das Beet nach ein paar Tagen wieder verdichten. Um eine zu hohe Temperatur zu reduzieren, ist es üblich, mit einem Brecheisen Löcher in die gesamte Oberfläche der Beete zu bohren. Wenn die Hitze ausreichend nachgelassen hat, füllen Sie diese Löcher mit fein pulverisiertem, trockenem Lehm auf. Mit Lehm können wir sie perfekt auffüllen, mit Mist geht das nicht, und wenn sie offen bleiben, bleiben sie als feuchte Schweißlöcher zurück, die für die sich ausbreitende Brut sehr schädlich sind.

Zu hohe Temperaturen in den Beeten müssen unbedingt vermieden werden, da hierdurch die Substanz des Düngers vergeudet wird, das Innere des Beets austrocknet und die Pilzernte zwangsläufig ausfällt und kurz ausfällt.

Vorausgesetzt, der Dünger ist frisch und gut und wurde gut vorbereitet, besteht kein Grund zur Sorge, wenn die Beete nach dem Anlegen keine Temperaturen über 100° oder 110° aufweisen, denn diese Beete werden wahrscheinlich hervorragende Ernten hervorbringen. Je dicker die Beete sind, desto höher wird wahrscheinlich die Wärme in ihnen steigen. Fest angelegte Beete erwärmen sich langsamer als locker angelegte und sie behalten ihre Wärme länger. Wenn die Materialien beim festen Anlegen in Beete ziemlich kühl sind, werden sie danach wahrscheinlich nicht mehr sehr warm. Aber ich lege die Beete immer gerne mit mäßig warmem Dünger an.

Es kommt manchmal vor, dass Umstände das Herstellen der Beete verhindern, sobald der Mist in einwandfreiem Zustand ist, und selbst nach dem Herstellen steigt die Hitze nicht über 75° oder 80°. Wenn sich der Mist in einem solchen Fall ansonsten in gutem Zustand und frisch befindet, ist er gut genug und es kann mit einer guten Ernte gerechnet werden. Aber wenn der Mist von Anfang an etwas abgestanden, faul und träge gewesen wäre, würde ich sicherlich nicht zögern, das Beet sofort aufzubrechen, etwas frischen Pferdemist hineinzugeben, gründlich zu vermischen und ihn dann wieder zusammenzusetzen. Oder man kann in einem so abgestandenen Beet eine ordentliche Hitze erzeugen, indem man es reichlich mit Urin aus dem Stall besprüht, dann die Oberfläche über zwei bis drei Zoll tief gabelt und sie anschließend mit der Rückseite der Gabel leicht verdichtet. Verteilen Sie eine Schicht Heu, Stroh oder strohhaltige Stalleinstreu einige Zentimeter hoch über dem Beet, bis die Hitze steigt. Wenn der Mist feucht genug war, sollte nicht auf dieses Bestreuen zurückgegriffen werden, sondern stattdessen frischer Kot hinzugefügt werden. Bei der Anwendung sollte jedoch darauf geachtet werden, dass es nicht zu einer Überhitzung kommt; Eine Verringerung oder vollständige Entfernung der strohigen Abdeckung und erneutes festes Verdichten der Oberfläche des Beetes verringert die Temperatur. Etwas Salpeter oder Natronlauge, eine Unze bis drei Gallonen Flüssigkeit, fördert die Ausbreitung des Myzels nach dem Einsetzen des Laichs; Jetzt kann eine viel stärkere Lösung dieser Salze verwendet werden, als es sicher wäre, nachdem das Myzel im Beet ausgebreitet ist.

Wenn die Materialien, aus denen das Bett besteht, aus gemischtem Lehm und Mist bestehen, steigt die Temperatur wahrscheinlich nicht so stark an wie bei alleiniger Verwendung von Mist, aber das spielt keine Rolle, solange die Materialien, aus denen das Bett besteht, süß und süß sind frisch und nicht zu feucht. Wenn das Material jedoch kalt und abgestanden ist, behandeln Sie es wie für ein Mistbett empfohlen. Denken Sie dabei immer daran, dass es besser ist, ein ziemlich trockenes, kaltes Bett zu haben als ein nasses, oder sogar ein warmes, das nass ist.

Herr Withington aus South Amboy hat ein gutes Wort für Betten mit niedriger Temperatur. Er schreibt mir: „Unsere Beete hielten sich zwei Monate lang gut, obwohl sie einen Monat länger nur mühsam ausgehalten haben. Unser bestes Beet in dieser Saison war eines, das eine gleichmäßige Temperatur hatte. Der Mist stieg bei der Herstellung nie über 75° auf und sank kurz nach dem Laichen auf etwa 60°. Das Haus wurde auf 55° gehalten.

KAPITEL X.

PILZBLAUCH.

Was ist Pilzmyzel? Ist es ein Samen oder eine Wurzel? Pflanzt oder sät man es oder wie bereitet man es zu? Dies sind einige der Fragen, die mir immer wieder gestellt werden. Für die breite Öffentlichkeit scheint diese Mysteriumfrage ein großes Mysterium zu sein; tatsächlich scheint sie das Haupträtsel des Pilzanbaus zu sein. Die Wahrheit ist jedoch, dass es sich hierbei überhaupt nicht um ein Mysterium handelt. Was praktische Pilzzüchter Mysterium nennen, bezeichnen Botaniker als Myzel.

Der Pilzbrut ist die eigentliche Pilzpflanze und durchdringt den Boden, Mist oder anderes Material, in dem er wächst. und was wir als Pilze kennen, ist die Frucht der Pilzpflanze. Der Laich wird durch ein zartes, schimmelartiges Netz aus weißlichen Fäden dargestellt, die den Boden oder Mist durchziehen. Unter günstigen Umständen wächst und verbreitet es sich schnell und bringt mit der Zeit Früchte oder Pilze hervor, wie wir sie nennen. Die Pilze tragen unzählige Sporen, die den Samen ähneln, und diese Sporen verbreiten sich in der Atmosphäre und fallen auf den Boden. Man kann vernünftigerweise annehmen, dass sie der Ursprung des Laichs sind, der die natürlichen Pilze auf den Feldern hervorbringt, und auch des Laichs, den wir in Misthaufen finden. Aber wir waren nie in der Lage, Pilze künstlich aus Sporen zu erzeugen, oder mit anderen Worten, Pilze wurden, soweit ich authentische Aufzeichnungen finden kann, nie von Menschen aus „Samen" gezüchtet. Wie bekommen wir dann den Spawn? Durch Vermehrung durch Teilung. Wir nehmen die Pilzpflanze oder Pilzbrut, wie wir sie nennen, zerteilen sie in Stücke und pflanzen diese Stücke getrennt in ein vorbereitetes Bett aus Mist oder anderem Material unter Bedingungen, die für ihr Wachstum günstig sind, und stellen fest, dass diese Pilzbrutstücke entstehen entwickeln sich zu kräftigen Pflanzen, die etwa zwei Monate nach der Pflanzung Früchte (Pilze) tragen. Wenn der Laich seine volle Fruchtmenge getragen hat, stirbt er.

Wenn wir also keinen Brutpilz aus Sporen produzieren können und der Brutpilz in den Beeten, die Pilze getragen haben, abgestorben ist, wie sollen wir dann den Brutpilz für unsere zukünftigen Ernten bekommen? Das ist eine Frage, die sich Laien vielleicht stellen. Indem wir ihn sichern, wenn er sich in seinem kräftigsten Zustand befindet, also bevor er Anzeichen der Pilzbildung zeigt, und ihn trocknen und trocken halten, bis er verwendet wird. Aber um den Brutpilz zu sichern, müssen wir den Dünger, an dem er haftet oder in dem er sich ausbreitet, mitnehmen und aufbewahren. Auf diese Weise kann er mehrere Jahre lang in gutem Zustand gehalten werden, ohne dass seine Vitalität merklich beeinträchtigt wird. Ihn trocken zu halten, setzt lediglich sein Wachstum aus; sobald er wieder günstigen Feuchtigkeits- und Wärmebedingungen ausgesetzt wird, kehrt seine ursprüngliche Aktivität zurück.

Pilzmyzel ist in jedem Saatgutgeschäft erhältlich. Unsere Saatguthändler haben es immer auf Lager, sowohl das Ziegelmyzel (englisch) als auch das Flockenmyzel (französisch). Es wird in Mengen von einem Pfund oder mehr verkauft, und da der Artikel vollkommen trocken ist, kann er problemlos in kleinen Mengen per Post verschickt werden.

Die Samenhändler importieren es jedes Jahr zusammen mit ihren Samen aus Europa. Ein bekannter Samenhändler aus Boston schreibt mir: „Wir beziehen unsere Lieferungen über die Samengroßhändler in London, der Einfachheit halber und wegen der billigeren Seefracht usw. Wenn wir Pilzmyzel zusammen mit anderen Waren und auf demselben Frachtbrief verschicken, sinken die Frachtkosten. Der niedrige Preis, zu dem Pilzmyzel in großen Mengen verkauft wird, kann nur mit niedrigen Frachtraten aufrechterhalten werden, da hier ein Zoll von 20 % auf den Artikel erhoben wird.“

ABB. 21. BRICK SPAWN.

Durch direkte Anfrage bei den führenden Importeuren in verschiedenen Städten habe ich herausgefunden, dass wir ungefähr 4500 Pfund französischen oder Flockenmyzel und 4000 Scheffel oder 64.000 Pfund englischen oder Ziegelmyzel importieren und dass gut die Hälfte dieser gesamten Einfuhr von den Samenhändlern der Stadt New York abgewickelt wird. In New York hat allein eine Firma, die sich auf die Belieferung von Gemüsegärtnern spezialisiert hat, in einem Jahr 1500 Scheffel Ziegelmyzel importiert. Die Umgebung von New York ist jedoch das große Pilzanbauzentrum des Landes und auch der beste Markt für Pilze im Land. Ein Gärtner in Jamaica, LI, kaufte auf einmal 1000 Pfund Ziegelmyzel und ein Nachbar von ihm kaufte 400 Pfund; das zeigt, wie viel Myzel Gemüsegärtner benötigen. Und die Nachfrage in diesem Jahr ist beispiellos; einige unserer führenden Importeure hatten ihren Vorrat schon vor dem 1. November ausverkauft. Und die Ursache dafür sind nicht so sehr die privaten als vielmehr die Marktgärtner. Die Marktleute finden, dass man mit dem Pilzanbau Geld verdienen kann, und stürzen sich darauf.

Der Laich liegt in Form von trockenen, harten, festen Miststeinen vor, aber auch in Form von Flocken aus halbverrottetem Strohmist. Diese Ziegel und Flocken sind vollständig vom Pilzmyzel durchdrungen.

Der Ziegelbrut ist allgemein als englischer Brutbrut bekannt, und was in dieses Land importiert wird, wird in England hergestellt, hauptsächlich in der Nähe von London. Die von den verschiedenen Herstellern hergestellten Ziegel variieren ein wenig in Größe und Gewicht; in einigen Fällen gehen zehn Ziegel auf den Scheffel, in anderen vierzehn und in anderen sechzehn. Letzterer ist der Ziegel mit der gewöhnlichsten Größe, wiegt genau ein Pfund und ist etwa achteinhalb Zoll lang, fünfviertel Zoll breit und einviertel Zoll dick. Es ist das, was die Londoner Spawn-Hersteller einen 9 x 6 x 2 Zoll großen Ziegelstein nennen, der jedoch beim Trocknen schrumpft. Im Einzelhandel wird Ziegelbrut in diesem Land nach Gewicht und nicht nach Maß verkauft.

Einige unserer Samenhändler bieten Mühlenweg-Pilzbrut an, aber was sie unter diesem Namen verkaufen, ist nur die gewöhnliche englische Ziegelbrut. Einer unserer prominenten Samenhändler, der sie anbietet, schreibt mir: „Echte Mühlenweg-Pilzbrut war früher die beste in England, aber sie wurde abgelöst, obwohl europäische Gärtner englische Brut immer noch unter dem Namen ‚Mühlenweg' verkaufen." Die echte Mühlenweg-Pilzbrut ist die natürliche Brut, die sich durch den gründlich vermischten Pferdemist in Mühlenwegen oder durch die Reinigung von Mühlenwegen verbreitet hat. Sie wird normalerweise in großen, unregelmäßigen, etwas weichen Klumpen verkauft und wird von Brutherstellern zum Imprägnieren ihrer Ziegel sehr geschätzt, aber da Pferde heutzutage Dampf als Antriebskraft in Mühlen gewichen sind, haben wir keinen weiteren Vorrat an Mühlenweg-Pilz mehr, um ihn zum Laichen unserer Pilzbeete zu verwenden. Wir spüren diesen Verlust jedoch nicht, da die Brut, die jetzt von unseren besten Herstellern hergestellt wird, eine ebenso gute Pilzernte hervorbringt wie die alte natürliche Mühlenweg-Pilzbrut.

Der Flockenbrut ist der sogenannte Französische Brutbrut und wird hierzulande aus Frankreich importiert. Allerdings ist die Herstellung von „französischem" Laich zum Verkauf nicht ausschließlich auf Frankreich beschränkt. Es gibt zwei Arten, es aufzubewahren: schön verpackt in dünnen Holzkisten, die jeweils zwei bis drei Pfund Laich enthalten, und auch lose in loser Schüttung, wenn es nach Gewicht oder Maß verkauft wird.

ABB. 22. FLOCKEN- ODER FRANZÖSISCHER LAICH.

Jungfernmyzel ist das, was wir natürlichen Myzel oder Wildmyzel nennen; das heißt Myzel, das auf natürliche Weise auf Feldern, in Misthaufen oder anderswo und ohne künstliche Hilfsmittel vorkommt. Es wird angenommen, dass es direkt aus den Pilzsporen entsteht und kein neues Wachstum aus überlebenden Teilen alten Myzels ist, das möglicherweise im Boden überlebt hat. Es ist weitaus kräftiger als „gemachter" Myzel, und Myzelhersteller versuchen immer, es für die Herstellung des künstlichen Myzels zu verwenden. Es wird selten zum Laichen von Pilzbeeten verwendet, da es nicht leicht zu beschaffen ist. Hin und wieder stoßen wir auf große Mengen davon in einem Misthaufen; es sieht aus wie ein Netz aus weißen Fäden, die den Mist durchziehen. Sobald Sie alles gefunden haben, was Sie finden können, bringen Sie es ins Haus auf einen Dachboden, in einen Schuppen oder in einen Raum und breiten Sie es zum Trocknen aus. Halten Sie es nach dem gründlichen Trocknen trocken und bewahren Sie es auf und verwenden Sie es wie französischen Myzel, denn es ist die beste Art von Flockenmyzel. Durch die Verwendung von Jungfernmyzel zum Anlegen von Brutbeeten habe ich größere und schwerere Pilze erhalten als mit „gemachtem" Myzel, und die Beete haben auch länger gute Früchte getragen, das Gewicht der gesamten Ernte war jedoch nicht höher als bei künstlichem Myzel.

Wie man Spawn behält. —Der Laich sollte an einem trockenen, luftigen Ort, wenn möglich etwas dunkel, und bei einer Temperatur zwischen 35°

und 65° gelagert werden. Überall dort, wo etwas „muss", wie in einem Keller, einem Schrank an der Wand oder in einem engen, feuchten Gebäude, ist ein sehr schlechter Ort für die Laichhaltung. Wenn der Laich völlig trocken ist und an einem trockenen, luftigen Ort und nicht in großen Mengen und abgedeckt aufbewahrt wird, hält er hohen Temperaturen scheinbar ungestraft stand, aber immer dann, wenn Feuchtigkeit, sogar die der Atmosphäre, mit Hitze verbunden ist, bildet sich das Myzel beginnt zu wachsen, und dies im Lagerraum ist schädlich für die Brut. Ausgehend von unseren natürlichen Pilzkulturen, deren Brut im Winter im Boden leben muss, kommt man zu dem Schluss, dass Frost für künstliche Pilzbrut nicht schädlich sein sollte. Dennoch ist meine Erfahrung, dass harter Frost die Vitalität sowohl von Ziegel- als auch von Flockenbrut zerstört . Und das ist einer der Gründe, warum ich im Herbst unseren kompletten Brutvorrat besorge und ihn selbst behalte, anstatt ihn der Gnade des Samenlagers zu überlassen.

Neuer versus alter Spawn. —Wie lange man Brutbrut aufbewahren kann, ohne dass seine Vitalität beeinträchtigt wird, ist eine ungeklärte Frage, aber es besteht kein Zweifel daran, dass er bei richtiger Haltung mehrere Jahre haltbar bleibt. Aber ich kann dem Leser nicht genug klarmachen, wie wichtig es ist, frischen Laich zu verwenden. Benutzen Sie keine alten Spawns um jeden Preis; Nehmen Sie es nicht kostenlos an und ruinieren Sie Ihre Erfolgsaussichten, indem Sie es verwenden. Vom Sammeln des Mists für die Beete bis zur Ernte der Pilze vergehen drei Monate. Können Sie es sich daher leisten, diese Zeit zu verschwenden, sich die Mühe, den Ärger und die Kosten zu machen und einen Misserfolg durch die Verwendung alter Brut herbeizuführen? Wir haben genug Risiken mit neuem Spawn, geschweige denn mit altem Spawn. Ich verwende keinen alten Brut mehr, aber ich habe ihn oft und lange genug verwendet, um davon überzeugt zu sein, dass er generell wertlos ist, wenn er nicht mit größter Sorgfalt konserviert wird.

Wie man guten von schlechtem Spawn unterscheidet. „Das ist eine sehr schwierige Angelegenheit, auch wenn die Leute das Gegenteil sagen mögen. Wenn wir guten von schlechtem Pilzbrut eindeutig unterscheiden könnten, würden wir niemals schlechten Pilzbrut verwenden und daher bei normaler Sorgfalt nur sehr wenige Misserfolge beim Pilzanbau erleiden; denn guter Spawn ist die Wurzel des Erfolgs in diesem Geschäft. Spawn unterscheidet sich stark in seinem Aussehen; Manchmal zeigen die Ziegel kaum Anzeichen von Brut und sind dennoch vollkommen in Ordnung; und wieder können wir Ziegel bekommen, die ziemlich gut durchzogen und mit bläulich-weißem Schimmel oder feinen Fäden getrübt sind, und auch das ist gut. Wenn die Ziegel frei von ausgeprägten weißen Fäden durchzogen sind, ist das kein Zeichen dafür, dass der Laich schlecht ist. Ziegel, die so hart wie ein Brett getrocknet sind, können vollkommen gut sein; Das Gleiche gilt möglicherweise auch für solche, die vergleichsweise weich sind. Pilzbrut sollte deutlich nach Pilzen riechen, und der eventuell sichtbare spinnennetzartige Schimmel sollte eine frische bläulich-weiße Farbe haben und die feinen Fäden sollten klar weiß sein. Auffällige gelbliche Fäden oder Adern sind ein Zeichen dafür, dass das Myzel zu wachsen begonnen hat und abgetötet wurde. Deutliche weiße Schimmelflecken auf der Oberfläche der Ziegel weisen auf das Vorhandensein eines anderen Pilzparasiten auf dem Pilzmyzel hin; Das Fehlen jeglichen Pilzgeruchs im Brutbrut weist darauf hin, dass er wertlos ist und das Myzel abgestorben ist. Wer sich mit Pilzbrut auskennt, kann mit ziemlicher Sicherheit zwischen „sehr lebendem" und „sehr totem" Spawn unterscheiden, aber ich bin keineswegs davon überzeugt, dass sich irgendjemand bedenkenlos entscheiden kann, ob es sich um mittelmäßigen oder schwachen Pilzbrut handelt.

Herr S. Henshaw sagt uns in Hendersons Handbook of Plants: „Die Qualität des Laichs lässt sich sehr leicht an dem pilzartigen Geruch erkennen, ... und ich sollte nicht zögern, im Dunkeln guten Laich auszusuchen." ." Sicherlich zuversichtlich, aber ich habe es versucht und festgestellt, dass der Test mangelhaft war. M. Lachaume sagt, dass guter Laich „eine Fülle bläulich-weißer Filamente aufweist, die gut zusammengefügt sind und einen stark ausgeprägten Pilzgeruch verströmen". Alle Teile, die Spuren von weißem oder gelbem Schimmel aufweisen oder ein mehliges Aussehen haben, sollten verworfen werden und zerstört." Herr Wright sagt: „Ein Ziegelstein kann eine schimmelige Masse sein und dennoch völlig wertlos; und wenn der Schimmel ein fleckiges Aussehen hat, als ob feiner weißer Sand auf und durch die Masse ausgebaggert worden wäre, ist das mit Sicherheit nicht der Fall." dort gibt es Pilzwachstumskraft.... Wenn dicke Fäden durch die Masse gehen und es Anzeichen von Miniaturknollen darauf gibt, dann kann man davon ausgehen, dass der Laich zu weit entfernt ist... Ansammlungen von weißen Flecken auf dem Laich weisen auf Unfruchtbarkeit hin. "

Herr AD Cowan aus New York, der den Ruf hat, Pilzbrut hervorragend beurteilen zu können, schreibt mir: „Um die Qualität von Ziegelbrut anhand seines Aussehens richtig beurteilen zu können, bedarf es Erfahrung im Umgang damit und ein geschultes Auge, das dazu in der Lage ist." Da zwei Partien selten genau oder annähernd gleich aussehen, ist es kaum möglich, genaue Regeln anzugeben, die befolgt werden müssen, mit Ausnahme der unbedingten Voraussetzung, die die Brut erfüllen muss, um gut zu sein , das schimmelige Aussehen auf der Oberfläche, je mehr, desto besser, ohne dass Fäden sichtbar sind. Zu viele davon in einem bestimmten Raum sind ein sicheres Zeichen für erschöpfte Vitalität, die im Allgemeinen dadurch entsteht, dass die Ziegel während des Herstellungsprozesses zusammengehäuft werden, bevor sie hergestellt werden Ausreichend getrocknete Ziegel haben normalerweise eine staubige braune Farbe und sind in der Regel von geringem Gewicht. Wenn das schwarze Erscheinungsbild in einer Ladung Ziegel stark vorherrscht, ist dies ein deutlicher Hinweis darauf, dass die Ziegelmasse stark gefärbt ist Spawn hat seinen Lauf nicht genommen; Und da dies voraussichtlich nicht der Fall sein wird, nachdem es in die Hände des Einzelhändlers gelangt ist, ist es sinnvoll, es beiseite zu legen. Manche Leute brechen einen Ziegelstein in mehrere Stücke, um zu sehen, wie er innen aussieht. Für das erfahrene Auge ist dies nicht notwendig, auch wenn man es nicht einmal in die Hand nehmen muss, da das äußere schimmelige Aussehen der beste Beweis für seine gesunde Vitalität ist, und diese existiert nie, wenn die Ziegel ihre Keimkraft verloren haben, außer natürlich , wo sie feucht gehalten wurden und die Brut ihre Kraft verbraucht hat, was an den weißen Fäden zu erkennen ist, die in großer Menge erscheinen.

In Amerika hergestellter Pilzbrut. — Soweit ich durch sorgfältige Nachforschungen herausfinden konnte, wird Pilzbrut in diesem Land nicht zum Verkauf hergestellt. Mir ist jedoch bekannt, dass einige Züchter ihre eigene Flockenbrut aufbewahren und verwenden. Einige unserer wichtigsten Züchter, beispielsweise Van Siclen, Gardner und Henshaw, haben in der Vergangenheit versucht, ihre eigene Brut herzustellen, jedoch nur mit teilweisem Erfolg, und jetzt beschränken sie sich auf den importierten Artikel. Aber dieser Zustand kann nicht lange anhalten. Die Nachfrage nach frischen Pilzen ist hier so groß, die Pilzzuchtindustrie so wichtig, der Preis für importierte Brut so hoch und die Menge an ausländischer Brut, die jährlich in dieses Land importiert wird, ist so groß, dass wir hoffen, dass es bald für jemanden von Vorteil sein wird, sich auf die Zucht von Pilzbrut in diesem Land zu spezialisieren, um den amerikanischen Markt zu versorgen. Es gibt keine praktische Tätigkeit im Zusammenhang mit der Pilzzucht, die dem normalen Züchter so wenig bekannt oder bekannt ist wie die Züchtung (oder „Herstellung", wie es allgemein genannt wird) und Konservierung von Pilzbrut. Allgemeine Züchter in England und Frankreich (außer in den Pariser Höhlen) stellen ihren Pilzbrut nicht selbst her; es handelt sich dabei um einen eigenen Geschäftszweig, der von Spezialisten betrieben wird, die im Winter Pilze zum Verkauf züchten und im Sommer Pilzbrut herstellen.

Die Zeit und Aufmerksamkeit, die erforderlich sind, um eine kleine Menge erstklassigen Brut zu produzieren, sind mehr wert als die Kosten des Brutprodukts im Saatgutgeschäft. Um Brut gewinnbringend herzustellen, müssen wir sie in großen Mengen herstellen, und wir brauchen nicht zu versuchen, sie herzustellen, es sei denn, wir haben gute Materialien und Bedingungen für ihre ordnungsgemäße Herstellung und widmen ihr jede mögliche Aufmerksamkeit, damit sie sich optimal entwickelt.

Dass Myzel in Amerika hergestellt werden kann, ist kein Grund, warum die Amerikaner es nicht kaufen sollten. Wir müssen mindestens ebenso gute

Produkte wie die besten in Europa herstellen, bevor wir auf unserem heimischen Markt Anklang finden. In diesem Fall kommt es nicht auf die Form des Mistziegels an, seine Größe, seine feine Verarbeitung, Härte, Weichheit oder Frische; es kommt auf die Fülle und Vitalität der Myzel- oder Pilzpflanzenmasse an, die er enthält.

SO ERSTELLEN SIE BRICK SPAWN.

Da die Herstellung von Pilzmyzel für den Verkauf noch keine amerikanische Industrie ist, sondern fast ausschließlich auf England beschränkt ist, halte ich es für das Beste, mich auf die Beschreibung der Herstellung in England zu beschränken. Mr. John F. Barter aus der Lancefield Street in London ist einer der erfolgreichsten Pilzzüchter und Pilzmyzelhersteller in Großbritannien. Er schreibt mir, dass er sich ausschließlich auf das Pilzgeschäft beschränkt und damit seinen Lebensunterhalt verdient. In den Wintermonaten züchtet er Pilze und in den Sommermonaten stellt er Pilzmyzel her. Von August bis März beschäftigt er Männer, die Pilzbeete herstellen, und um im Sommer dieselben Arbeitskräfte zu haben, stellt er Pilzmyzel für den Verkauf her. Er züchtet und verkauft auf dem Londoner Markt jährlich etwa 21.000 Pfund Pilze und stellt im Sommer etwa 10.000 Scheffel, also 160.000 Pfund Pilzmyzel für den Verkauf her. Die Menge an Pilzmyzel, die dieser eine Hersteller in einem Jahr herstellt, ist etwa dreimal so groß wie die gesamte jährliche Einfuhr von Pilzmyzel aller Art in dieses Land. Und er ist nur einer von mehreren Herstellern. Allein diese Tatsache muss uns davon überzeugen, dass in den europäischen Ländern Pilze in weitaus größerem Umfang angebaut werden als hier, wo wir über ebenso gute Einrichtungen wie dort und einen wesentlich besseren Markt verfügen.

Die Art und Weise, wie der Spawn hergestellt wird, ist je nach Hersteller etwas unterschiedlich und niemand kann sich ohne praktische Kenntnisse damit auskennen. Ich fragte Mr. Barter, ob er der Meinung sei, dass die Laichgewinnung in diesem Land profitabel sei, wenn man, wie wir, 1,50 Dollar pro Tag für die Arbeiter zahlt und keine Gewissheit hat, dass dieselben Männer dauerhaft bei uns bleiben. Er schreibt mir: „Unsichere Arbeit wäre nutzlos. Natürlich würde der Lohn, den Sie zahlen, keinen großen Einfluss darauf haben, da ich für meine führenden Männer fast genauso viel bezahle. Aber zunächst einmal müssen Sie einen Mann haben, der das tut." hatte einige Erfahrung.

Die einfachste und beste Methode zur Herstellung von Ziegelmyzel, die ich gefunden habe, ist die folgende Beschreibung aus *The Gardeners' Assistant* . Ich möchte hier erwähnen, dass Robert Thompson, der Autor dieses Werks, viele Jahre lang Leiter der Gärten der Royal Horticultural Society in Chiswick bei London war und zu seiner Zeit als unübertroffen in der praktischen

Gartenbaukunst galt. Er lebte inmitten der Gärtnereien Londons und des wichtigsten Pilzanbaugebiets.

„Frischer Pferdemist, Kuhmist und ein wenig Lehm, gemischt und mit so viel Stalldrainage vermengt, wie nötig ist, um das Ganze auf die Konsistenz von Mörtel zu reduzieren. Es kann dann auf dem Boden eines offenen Schuppens ausgebreitet werden, und wann." Etwas fester kann es in 6-Zoll-Quadratmeter geschnitten werden. Diese sollten an einem trockenen, luftigen Ort hochkant platziert werden und müssen häufig gewendet und vor Regen geschützt werden. Machen Sie ein ausreichend großes Loch in die Breitseite Lassen Sie zu, dass etwa ein Quadratzentimeter guter alter Ziegelmasse so tief eingebracht wird, dass sie etwas unter der Oberfläche liegt. Wenn die Ziegel fast trocken sind, verschließen Sie sie mit etwas feuchtem Material Unten eine Schicht Pferdemist mit einer Dicke von neun Zoll, die wie für eine Brutstätte vorbereitet wurde, und auf diesem Haufen die Ziegel ziemlich offen mit Streu bedecken, damit der Dampf und die Hitze der Mistschicht zwischen den Ziegeln zirkulieren können. sollte nicht über 60° ansteigen; wenn dies zu erwarten ist, muss die Überdeckung entsprechend reduziert werden. Der Laichvorgang beginnt bald durch die Ziegel zu fließen, was während des Laichprozesses regelmäßig untersucht werden sollte. Wenn beim Aufbrechen der Laichvorgang überall ziemlich reichlich zu sehen ist, wie ein weißer Schimmel, ist der Prozess weit genug fortgeschritten. Wenn man den Laich fortbewegen würde, würde er Fäden und kleine Tuberkel bilden, was ein zu weit fortgeschrittenes Stadium darstellt, um seine vegetativen Kräfte beizubehalten. Wenn daher beobachtet wird, dass der Laich die Ziegel wie ein weißer Schimmel durchdringt und bevor er die fadenförmige Form annimmt, sollte er entfernt und trocknen gelassen werden, um das weitere Fortschreiten der Vegetation bis zur Verwendung aufzuhalten. Es sollte an einem dunklen und vollkommen trockenen Ort aufbewahrt werden." Ich würde hinzufügen: Bewahren Sie es nicht an einem Ort auf, an dem es im Sommer muffig oder schimmelig werden kann; bewahren Sie es auch im Sommer und immer an einem möglichst kühlen, trockenen Ort auf im Winter über 35°.

Diese anderen Rezepte werden ebenfalls angegeben:

„1. Pferdemist ein Teil, Kuhmist ein Viertel, Lehm ein Zwanzigstel.

„2. Frischer Pferdemist, gemischt mit einem Teil Kurzstreu, einem Drittel Kuhmist und einer kleinen Portion Lehm.

„3. Gleiche Teile Pferdemist, Kuhmist und Schafsmist, mit der Zugabe von einigen faulen Blättern oder altem Brutdünger.

„4. Pferdemist ein Teil, Kuhmist zwei Teile, Schafsmist ein Teil.

„5. Ein Teil Pferdemist von der Straße, zwei Teile Kuhmist, gemischt mit etwas Lehm.

„6. Pferdemist, Kuhmist und Lehm zu gleichen Teilen.“

Aus dem oben Gesagten geht hervor, dass Pferdemist und Kuhmist die Hauptbestandteile der Brutsteine sind; Der Lehm wird hinzugefügt, um den Zusammenhalt der anderen Materialien zu gewährleisten. Es absorbiert auch das Ammoniak, das andernfalls abgegeben würde.

J. Burtons Methode. Aus *The Kitchen and Market Garden*. – Machen Sie den Laich im zeitigen Frühjahr. Da bei der Herstellung der Ziegel hauptsächlich Kuhmist verwendet wird, sollte dieser sichergestellt werden, bevor die Tiere Grünfutter bekommen. Bewahren Sie es auf dem Boden eines offenen, trockenen und luftigen Schuppens auf und wenden Sie es ein bis zwei Wochen lang alle paar Tage um. Fügen Sie dann einen gleichen Teil der folgenden Zutaten hinzu: Frischer Pferdemist, etwas Lehm und gehäckseltes Stroh, alles miteinander vermischt. „Das Ganze sollte dann gut zusammengearbeitet und dann festgestampft werden. Danach kann man es einige Tage ruhen lassen, dann muss es zwei- oder dreimal pro Woche gewendet werden Die Masse wird bald in einem geeigneten Zustand sein, um sie zu Ziegeln zu formen. Dieser Vorgang kann mit einer Form auf die gleiche Weise wie bei den Ziegelmachern durchgeführt werden, oder ... der Mist kann gleichmäßig auf dem Boden verteilt werden, bis er sechs Zentimeter dick ist Anschließend wird der Stein gleichmäßig mit der Rückseite des Spatens gestampft und auf die gewünschte Ziegelgröße zurechtgestampft. Nach ein paar Tagen werden die Ziegel zugeschnitten ausreichend trocken sein, damit sie gut trocknen können, und wenn sie zwei oder drei Tage lang der Sonne ausgesetzt sind, sind sie bereit, den Laich aufzunehmen, indem sie zwei Löcher einführen, die groß genug sind, um ein Stück davon aufzunehmen In jeden Ziegelstein sollte in gleichen Abständen Brut von der Größe eines Taubeneis eingeschnitten werden. Dieser sollte gut eingestampft und die Oberfläche mit etwas Mist ausgeglichen werden. Die Ziegel sollten dann auf einem Haufen gesammelt und mit genügend Kurzmist bedeckt werden, um eine sanfte Hitze zu erzeugen. Dabei ist darauf zu achten, dass keine starke Hitze oder Dampf entsteht, die den Laich abtöten könnten. Dies muss sorgfältig beachtet werden, bis sich herausstellt, dass die Brut die gesamten Ziegel durchdrungen hat. Danach sollten sie an einem geeigneten, trockenen Ort gestapelt werden.

WIE MAN FRANZÖSISCHEN (Flocken-)Laich herstellt.

Ich kann nichts Besseres tun, als diese Geschichte von einem praktisch veranlagten Franzosen erzählen zu lassen, der in der Branche tätig ist. In Bd. Im London *Garden* Nr Mit dem Thema gut vertraut ist das kürzlich von M. Lachaume veröffentlichte Buch.

Lachaume sagt: „Der beste Brutbrut ist der sogenannte ‚jungfräuliche Brutbrut', d. Französischer Laich.' Der Unterschied zum Englischen Pilz liegt darin, dass er in Form von kleinen, büscheligen Kuchen vorliegt und nicht in kompakten Blöcken. Große Pilzzüchter versorgen sich jedoch immer mit ihrem eigenen Pilzbrut, indem sie ihn aus einem Beet entnehmen, das gerade dabei ist, seine Ernte zu produzieren die bereits ein paar kleine Pilze hervorgebracht hat... Es ist wahr, dass die Pilze durch das sozusagen „Ein- und Ausbrüten" die Tendenz zeigen, nach einiger Zeit zu verderben und daher so schnell wie möglich neuen Laich erzeugen müssen; Anzeichen einer Verschlechterung machen sich bemerkbar.

Französische Jungfernbrut herstellen. – Zusammenfassung aus Lachaumes Buch über Pilze. Nehmen Sie fünf oder sechs Schubkarrenladungen Pferdeäpfel, die einige Zeit auf einem Haufen gelegen haben und ihre Wärme verloren haben, und mischen Sie sie mit einem Viertel der Menge an kurzer Stalleinstreu. Öffnen Sie dann im April einen Graben mit einer Breite von zwei Fuß, einer Tiefe von zwanzig Zoll und einer passenden Länge am Fuße einer nach Norden ausgerichteten Mauer, aber acht Zoll davon entfernt. Auf dem Boden des Grabens eine 7 bis 10 cm dicke Schicht gehäckselten Strohs ausbreiten, dann eine ebenso dicke Schicht des vorbereiteten Mists auftragen und alles fest andrücken, indem man ihn feststampft. Die beiden Schichten müssen nun leicht bewässert werden, dann muss eine weitere doppelte Schicht aus gehäckseltem Stroh und Kot ausgelegt, festgestampft und bewässert werden, und so weiter, bis die Grabenoberkante erreicht ist. Das Bett sollte über den Boden hinausragen und wie die Oberseite eines Baumstamms abgerundet sein. Um übermäßige Feuchtigkeit durch starken Regen zu verhindern, bedecken Sie den Hügel mit einer dicken Schicht stabiler Einstreu. Drei Monate nach der Verfüllung des Grabens sollte dieser seitlich oder am Ende geöffnet werden. Wenn die Miststücke gut mit Massen bläulich-weißer Fäden bedeckt sind, die den Geruch von Pilzen verströmen, war die Operation erfolgreich und der Mist kann verwendet oder getrocknet werden, um ihn für die zukünftige Verwendung aufzubewahren. Sind die Fäden jedoch nur spärlich in der Masse verstreut, sollte der Graben wieder abgedeckt und für einen weiteren Monat belassen werden. Bei der Aufbewahrung des Laichs sollten die Kotflocken mit der größten Menge an Laichfäden zurückgehalten und diejenigen, die ein braunes Aussehen aufweisen, aussortiert werden. Um das Trocknen des Laichs zu erleichtern, sollten die Flocken in Stücke gebrochen werden, die zwischen einem und zwei Pfund wiegen. Anschließend werden sie in einen gut belüfteten Schuppen gestellt, sie dürfen jedoch nicht übereinander gestapelt werden. Richtig zubereitet und getrocknet ist dieser Laich zehn Jahre haltbar.

Eine zweite Methode (von Lachaume). „Dies wird im Allgemeinen von Pilzzüchtern übernommen. Die Bildung des Pilzbruts wird beschleunigt, indem man hier und da alte Pilzbrutstücke hinzufügt … Anfang April müssen wir ein Stück Land auswählen, das am Fuße einer nach Norden ausgerichteten Mauer liegt …. Der Boden sollte sehr offen und leicht und nicht schwer sein, um Feuchtigkeit zu vermeiden. Wir nutzen einen schönen Tag und öffnen einen Graben mit einer Breite von 16 Zoll und etwa 20 Zoll vom Fuß der Mauer entfernt Auf der der Wand gegenüberliegenden Seite wird der soeben vorbereitete Mist in den Graben eingefüllt An einem Ende ist jedoch ein Raum von etwa zwei Fuß und sechs Zoll Länge für die Bildung eines Pilzbeetes vorgesehen, das durch Herumwerfen und Aufschütteln des Mists mit den Händen und anschließendes Herunterdrücken mit dem Pilz entsteht Hände und Knie, sobald die Mistschicht eine Dicke von 15 cm erreicht, platzieren wir entlang des Randes mehrere Laichklumpen im Abstand von etwa 30 cm. Diese Klumpen werden bündig mit dem Mist an der zur Wand gerichteten Kante platziert. Dieser Teil der Mistoberfläche sollte vertikal angehoben sein und an der Erdwand des Grabens anliegen. Die andere Hälfte der Oberfläche sollte sanft zur Wand hin abfallen und zwischen ihr und der Seite des Grabens einen Abstand von drei bis vier Zoll lassen, damit sie beschnitten werden kann. Die Laichklumpen auf dieser Oberfläche sollten etwas nach hinten gelegt werden, damit sie beim Trimmen des Beetes nicht zerbrechen. Das Beet wird dann mit weiterem Mist bedeckt, bis die ersten Laichklumpen 7 bis 10 cm tief eingegraben sind. Anschließend wird eine zweite Reihe Laichklumpen eingelegt, wie in der Anleitung zur Herstellung der ersten Reihe beschrieben, und das Beet bis zur Bodenoberfläche aufgefüllt. Zum Abschluss wird es mit einer drei bis zehn Zentimeter dicken Schicht feiner, trockener Erde bedeckt. Der Laich sollte sehr trocken sein, sonst kommt es zu einer vorzeitigen Pilzernte statt frischem Laich. Nach sechs Wochen oder ein paar Monaten sollte der neue Laich zum Vorschein kommen, eine Tatsache, die wir vielleicht herausfinden können, wenn wir das Beet öffnen. Ein Zeichen, das uns die Mühe erspart, die Beete zu öffnen, ist das Auftauchen junger Pilze auf der Oberfläche. Zuerst wird die Erdschicht entfernt und dann werden die Laichkuchen wie in der Anleitung für die erste Methode zur Laichherstellung beschrieben behandelt.

Dritte Methode (von Lachaume). „Indem wir einen Graben wie den in der ersten Methode beschriebenen mit mehreren Schichten aus einem Drittel Tauben- oder Geflügelguano und zwei Dritteln Kurzmist, der einen großen Anteil verbrauchten Pferdemist enthält, auffüllen, ihn festtreten, ihn wässern, wenn er zu trocken ist, und ihn mit einer Schicht Erde abschließen, wie bereits beschrieben, können wir uns nach ein paar Monaten oder sogar etwas länger einen Vorrat an wohlgeformten Laichkuchen von ausgezeichneter Qualität anschaffen, die auf die übliche Weise verwendet werden können."

Aus Mr. Robinsons „Pilzkultur". „Dieser (französische) Pilzbrut wird gewonnen, indem man wie üblich ein kleines Bett vorbereitet, wie für Pilze, und es mit Stückchen jungfräulichen Pilzbruts, wenn dieser erhältlich ist, anreichert. Wenn sich der Pilzbrut darin ausgebreitet hat, wird das Bett aufgebrochen und als Laichbett in Höhlen verwendet oder getrocknet und für den Verkauf konserviert."

Aus Mr. Wrights Buch über Pilze. „Französischer Brutpilz ... ist in Mistflocken enthalten. Es handelt sich weder um Jungfernbrut, noch wird er unmittelbar daraus gewonnen, ... sondern es handelt sich um Brut, die aus einem Brutbeet entnommen wird, um ein anderes zu befruchten."

Relative Vorteile von Flocken- und Ziegelbrut. — Die Flocken- oder französische Brut kostet etwa dreimal so viel wie die Ziegel- oder englische Brut, und da sie so viel weißeres Myzel als die Ziegelbrut hat, glauben viele, dass sie wirksamer ist und die Mehrkosten wert ist. Beim Laichen der Beete verwende ich zwei Pfund Flockenbrut, um dieselbe Fläche zu bepflanzen, für die ich fünf Pfund Ziegelbrut verwenden würde, und dies ergibt eine reiche Ernte, wobei die Pilzzahl ein wenig für die Flockenbrut spricht, aber aufgrund der größeren Pilzgröße spricht das Gewicht der Ernte deutlich für die Ziegelbrut. Und ich bin mir bei der Ziegelbrut einer größeren Erntesicherheit sicher als bei der anderen.

Bezüglich der jeweiligen Vorzüge von Ziegel- und Flockenbrut schreibt mir Herr Barter als Antwort auf meine Anfrage: „Ich habe beide ausprobiert und weiß, dass Ziegelbrut bei weitem der Beste ist. Sehen Sie, ich mache nichts anderes als dieses Pilzgeschäft." Für meinen Lebensunterhalt würde ich natürlich die beste Pilzart für meine Ernte verwenden. Im Allgemeinen produziert der Französische Pilzbrut ein Drittel weniger Pilze als der Ziegelbrut aus dem gleichen Beet, außerdem sind es die Pilzbrut vom Ziegelbrut bei weitem das schwerste und fleischigste."

Ich möchte hier anmerken, dass die Bemerkungen von Herrn Barter eher auf Firstbetten im Freien zutreffen als auf Betten im Keller oder Pilzhaus. Und es ist seltsam, aber wahr, dass der Flockenbrut in Beeten im Freien nicht so gute Ergebnisse liefert wie in überdachten Beeten.

KAPITEL XI.

Nachdem das Pilzbeet angelegt ist, sollte es sich innerhalb weniger Tage auf eine Temperatur von 110° bis 120° erwärmen. Beobachten Sie dies sorgfältig und laichen Sie nie einen Beet, wenn die Hitze steigt oder die Temperatur über 100° liegt, sondern immer dann, wenn die Temperatur sinkt und unter 90° liegt. Darin besteht vollkommene Sicherheit. Halten Sie ein Bodenthermometer bereit und halten Sie es in das Bett. Durch Herausziehen und Betrachten kann man die Temperatur des Bettes genau ermitteln. Besorgen Sie sich ein paar gerade, glatte Pfähle, wie kurze Spazierstöcke, und stecken Sie deren Enden in einem Abstand von zwölf bis zwanzig Fuß in das Bett. Indem man sie herauszieht und mit der Hand ertastet, kann man ziemlich genau feststellen, wie hoch die Temperatur im Bett ist.

Alle praktischen Pilzzüchter wissen, dass, wenn die Temperatur eines zwölf Zoll dicken Beetes in sieben Zoll Entfernung von der Oberfläche 100 °C beträgt, innerhalb eines Zolls von der Oberfläche des Beetes drinnen nur etwa 95 °C und draußen 85 bis 90 °C herrschen von Türen. Wenn die Hitze des Mists nachlässt, sinkt er auch ziemlich schnell, fünf, oft zehn Grad am Tag, bis er etwa 75 °C erreicht, und zwischen dieser und 65 °C kann er wochenlang ruhen.

Vor einigen Jahren habe ich der Frage der Laichbänke bei unterschiedlichen Temperaturen große Aufmerksamkeit gewidmet. Der gepflanzte Laich, sobald das Beet angelegt wurde (fünf Tage nach dem Laichen stieg die Hitze im Inneren des Beetes auf 123 °C), ergab keine Pilze, das Myzel wurde abgetötet. Das Gleiche war in allen Beeten der Fall, in denen der Laich gepflanzt worden war, bevor die Hitze in den Beeten ihr Maximum (120° oder mehr) erreicht hatte. Wo die Hitze in der Mitte des Beetes nie 115° erreichte, brachte der beim Anlegen des Beetes eingebrachte und noch am selben Tag geformte Laich eine kleine Pilzernte hervor. Ein Bett, in dem die Hitze nachließ, wurde bei 110° erzeugt; Dies brachte eine sehr gute Ernte, und bei 100° und darunter bis 65° wurden in jedem Fall gute Ernten gesichert, wobei sich die Erträge bei den niedrigsten Temperaturen um mehrere Tage verzögerten. Aber ungeachtet dieser Tatsachen rate ich allen Anfängern in der Pilzzucht, mit dem Einsetzen des Pilzbruts zu warten, bis die Hitze im Beet nachlässt und auf mindestens 90° gesunken ist.

Herr Withington aus New Jersey schreibt mir in einem Schreiben über das Laichen seiner Beete: „Ich glaube, dass ein Beet, das bei 60° bis 70° gelaicht und nach dem Erscheinen der Pilze bei 55° gehalten wird, bessere Ergebnisse liefert als eines, das bei a gelaicht hat." höhere Temperatur, sagen wir 90°."

ABB. 23. IN STÜCKE GESCHNITTENER ZIEGELBRUT ZUM PFLANZEN.

Den Spawn vorbereiten. – Wenn Ziegelbruch verwendet wird, schneiden Sie die Ziegel (Standardgröße) mit einem scharfen Beil in zehn oder zwölf Stücke und vermeiden Sie so weit wie möglich, dass viele Krümel entstehen, wie es im Allgemeinen der Fall ist, wenn zum Brechen ein Hammer oder Hammer verwendet wird die Ziegelsteine. Aus besonders großen Laichstücken können große Pilzklumpen entstehen, aber das ist nicht immer von Vorteil, denn wenn viele Pilze in einem Klumpen zusammenwachsen, sind sie meist etwas zu klein und beim Sammeln können wir sie nicht alle sauber herauszupfen genug, um nicht einen Teil der „Wurzel" im Boden zu belassen und das Gleichgewicht des Büschels zu vergiften, wenn mehrere oder viele von ihnen einer gemeinsamen Basis entspringen.

Einbringen des Brutbesatzes. — Wenn Sie Ziegelbrut verwenden, pflanzen Sie die Klumpen etwa 2,5 cm tief unter die Oberfläche des Mists und etwa 25 cm voneinander entfernt. Wenn der Brutbesatz sehr gut aussieht und die Klumpen groß sind, pflanzen Sie sie nicht ganz so dicht, als wenn der Brutbesatz weniger Myzel enthält und die Klumpen klein sind. Verwenden Sie beim Einbringen des Brutbesatzes niemals einen Pflanzholzpflock; machen Sie einfach mit den Fingern ein Loch in den Mist, stecken Sie den Klumpen hinein und bedecken Sie ihn sofort, und drücken Sie ihn, sobald das Beet bepflanzt ist, überall gut fest. Obwohl die Klumpen nur 2,5 cm tief unter dem Mist vergraben sind, müssen wir ein Loch von 7,5 bis 10 cm Tiefe machen, in das wir den Klumpen hineindrücken und vergraben können.

Französischer oder Flockenbrut wird auf ziemlich dieselbe Art und in ungefähr derselben Entfernung eingebracht, nur dass wir ihn nicht in Klumpen schneiden, sondern in etwa drei Zoll lange und einen Zoll dicke Flockenstücke zerbrechen und ihn beim Einpflanzen in das Beet, anstatt ihn in das Loch zu drücken, mit der flachen Seite hineinlegen und ihn sofort bedecken.

Viele Gärtner pflanzen die Myzelien viel tiefer als ich, aber ich habe noch nie einen Vorteil darin gesehen, sie tief zu pflanzen. In mäßig warmen Beeten oder Beeten, die ihre Wärme wahrscheinlich längere Zeit behalten, bin ich davon überzeugt, dass flaches Pflanzen besser ist als tiefes Pflanzen. Wenn wir unsere Beete kurz nach dem Laichen bedecken möchten, ist flaches Pflanzen zu empfehlen. Wenn die Beete jedoch vor dem Laichen nur 24 bis 26 °C warm sind, dann ist meiner Meinung nach tiefes Pflanzen besser als flaches Pflanzen, da die angenehme Temperatur dem Myzel einen besseren Start ins Leben gibt als der kühlere Dünger näher an der Oberfläche.

Wenn die Gefahr besteht, dass der Oberflächenmist durch die kondensierte Feuchtigkeit der Atmosphäre nass wird, würde ich die Beete erneut mit etwas Heu oder Stroh bedecken und es bis zur Formung darauf liegen lassen. Und wenn das Beet etwas träge, also kühl ist, hilft diese Abdeckung, es warm zu halten. Außenbeete sollten drei bis vier Tage nach dem Laichen umgeformt werden; Innenbeete acht bis zehn Tage.

Eingeweichter Pilz. — Da der Pilz so hart und trocken ist, habe ich versucht, ihn vor dem Einpflanzen in lauwarmes Wasser einzuweichen. Einige Stücke wurden einfach ins Wasser getaucht und andere eine halbe, eine, fünf und zehn Stunden in den Eimern eingeweicht. Die Wirkung war in jedem Fall nachteilig und bei den lange eingeweichten Stücken verheerend.

Flockenmyrte. — „Diese wird hergestellt, indem man die Ziegelmyrte in etwa 5 cm große Stücke zerbricht und sie in einen Haufen leicht gärenden Mists mischt. Nachdem sie etwa drei Wochen in diesem Haufen gelegen hat, stellt man fest, dass sie eine Masse Myrte ist und sich in genau der richtigen Verfassung befindet, um in kürzester Zeit kräftig durch das ganze Beet zu wuchern... Wenn Flockenmyrte verwendet wird, erscheint die Ernte zwei bis drei Wochen früher als bei Ziegelmyrte.“ – Mr. Henshaw, in der ersten Ausgabe von „Hendersons Handbuch der Pflanzen“. Ich habe diese Methode ausprobiert und ihr große Aufmerksamkeit gewidmet, aber die Ergebnisse waren schlechter als die, die man erhielt, wenn man sofort einfache, gewöhnliche Ziegelmyrte verwendet hätte.

Bei meiner gesamten Praxis habe ich festgestellt, dass jede Störung des Myzels während seines Wachstums, die zu einem Brechen, Freilegen oder Verhindern der Myzelfäden führen würde, immer einen schwächenden Einfluss auf das Myzel hat. Ich habe Teile des Arbeitsmyzels von einem Beet in ein anderes verpflanzt, wie es die französischen Züchter tun, bin jedoch zufrieden, dass ich aus Beeten, die mit trockenem Myzel gezüchtet wurden, bessere Ernten und größere Pilze erziele als aus Beeten, die mit Arbeitsmyzel aus anderen Beeten bepflanzt wurden.

KAPITEL XII.

LEHM FÜR DIE BETTEN.

Beim Pilzanbau benötigen wir Lehm, um die Beete nach dem Auflaufen zu umhüllen, die tragenden Beete zu düngen, wenn sie erste Anzeichen von Erschöpfung zeigen, die Hohlräume in der Oberfläche der Beete aufzufüllen, die durch das Entfernen der Pilzstümpfe entstanden sind, und um ihn mit Dünger zu mischen, um die Beete zu formen. Die Auswahl des Bodens hängt stark davon ab, welche Art von Boden wir zur Hand haben oder leicht beschaffen können.

Die beste Lehmart für jeden Zweck im Zusammenhang mit dem Pilzanbau ist reichhaltiger, frischer, weicher Boden, wie ihn Floristen gerne für Blumentöpfe und andere Gewächshauszwecke suchen. Im frühen Herbst lege ich einen Haufen frischen Rasenlehms zusammen, das heißt den obersten Spross einer Weide, gebe aber keinen Dünger hinzu. Natürlich enthält dieser Boden viel Grassoden, aber auch viel Feinerde, und die verwende ich für Pilze. Bevor ich ihn verwende, zerkleinere ich die Rasensoden mit einem Spaten oder einer Gabel, werfe die härtesten Teile beiseite und verwende den feineren erdigen Teil, aber immer in grobem Zustand und niemals gesiebt. Die grünen, nicht zu groben Rasenteile darf ich im Boden lassen, denn sie richten überhaupt keinen Schaden an, weder beim Aufhalten des Myzels noch beim Hemmen der Pilze, und es besteht keine Gefahr, dass das Gras hochwächst und die Pilze erstickt.

Normaler Lehm von einem offenen, gut entwässerten Brachfeld ist gut und, wenn der Boden von Natur aus reichhaltig ist, für jeden Zweck ausgezeichnet geeignet. Nehmen Sie ihn jedoch nicht aus den nassen Teilen der Felder. Entfernen Sie alle Steine, groben Erdklumpen, Grasbüschel und dergleichen. Solcher Lehm kann sofort verwendet werden.

Gewöhnliche Gartenerde wird häufiger als jede andere verwendet und erzielt insgesamt sehr zufriedenstellende Ergebnisse. Mein größter Einwand ist die Menge an Insekten, die sie aufgrund der oft wiederholten starken Düngung beherbergen kann.

Auch lehmiger oder kiesiger Straßenrandboden kann mit guten Ergebnissen verwendet werden. Wenn er frei von Unkraut, Stöcken, Steinen und grobem Schneegestöber ist, kann er sofort verwendet werden, aber es ist viel besser, ihn auf einem Haufen aufzuschichten, damit er vor der Verwendung einige Monate verrottet.

Sandiger Boden, wie er in den Wassereinzugsgebieten der Straßen und dort, wo er auf die Felder gespült wurde, vorkommt, ist steiferer und faserigerer Erde weit unterlegen.

Ich habe den reichen, dunkel gefärbten Boden von Hängen und trockenen Mulden in Wäldern verwendet, und zwar mit Erfolg, so seltsam es auch erscheinen mag, da Pilze in Wäldern nicht von Natur aus wachsen. Aber er ist nicht so gut wie Lehm vom freien Feld.

Torfboden oder Sumpfschlamm, der zwei oder drei Jahre lang kompostiert wurde, haben mir keine guten Erträge gebracht. Die Pilze kommen zwar durch, aber sie nehmen es nicht gern auf.

Schwerer, toniger Lehm ist einerseits ausgezeichnet, andererseits nicht so gut. Solange wir es gleichmäßig feucht halten können, ohne dass es schlammig wird, ist es in Ordnung, aber wenn wir es etwas zu trocken werden lassen, reißt es und reißt auf diese Weise die Fäden der Brut ab und ruiniert die Pilze, die durch sie gefüttert wurden .

Lehm mit altem Dünger. — Lehm, der viel alten, unzersetzten Dünger enthält, wie der reiche Boden unserer Gemüsegärten, wird von einigen Autoren uneingeschränkt verurteilt, weil er angeblich eine Menge an unechten und schädlichen Pilzen hervorbringt, wenn er in Pilzbeeten verwendet wird. Aber ich kann mich dieser Verurteilung nicht anschließen, weil meine Erfahrung sie nicht rechtfertigt. Diese Erde ist die einzige, die von vielen Gemüsegärtnern verwendet wird, da sie keine andere haben, und sicherlich ohne erkennbare schädliche Wirkung. Als ich vor etwa zwanzig Jahren mit den Londoner Gemüsegärten zu tun hatte, bedeckten Steele, Bagley, Broadbent und die anderen großen Pilzzüchter in den Fulham Fields alle ihre Beete mit der üblichen Gartenerde – vielleicht der mit dem meisten Dünger auf der Erde – und unechte Pilze machten ihnen nie zu schaffen. Ich kann tatsächlich nicht verstehen, warum es in Pilzbeeten schädliche Pilzbestände hervorbringen sollte, aber keine Pilze, wenn es für andere Gartenbauzwecke verwendet wird, wie auf unseren Nelkenbänken in Gewächshäusern, in unseren Salat- oder Gurkenbeeten oder bei Topfpflanzen. Es stimmt, dass in der Erde unserer Gewächshausbänke oder Rahmenbeete oder Pilzbeete jederzeit und in mehr oder weniger großer Menge unechte Pilze auftauchen können, aber ich bin überzeugt, dass die reiche Erde des Gemüsegartens nicht mehr mit der Bildung von Pilzen zu tun hat als jeder andere gute Boden, und alter Dünger hat weit weniger damit zu tun als frischer Dünger.

Alle praktischen Gärtner wissen, wie geeignet Mistbeete im Frühjahr, wenn die Hitze nachlässt, dazu sind, eine Menge Giftpilze hervorzubringen; und auch, dass, wenn das Beet „verbraucht" ist, das heißt, wenn die Hitze ganz verschwunden ist, auch die Tendenz, Giftpilze zu tragen, verschwunden ist. Diese Besonderheit ist im Frühjahr deutlicher als im Herbst. Alle Pilzzüchter wissen, dass unechte Pilze, wenn sie überhaupt auftreten, drei bis zwei Wochen vor der Zeit, in der die Pilze sichtbar werden, am zahlreichsten sind.

Dasselbe Wachstum tritt in den Misthaufen draußen im Hof auf; ein paar Wochen, nachdem die starke Hitze des Mists verschwunden ist, können viele Giftpilze auf und um die Haufen beobachtet werden, aber auf den Haufen aus gut verrottetem kaltem Mist finden wir selten Giftpilze.

Der frische, saubere Stallmist für die Pilzzucht ist nicht unbedingt mit Sporen des schädlichen Giftpilzes belastet; bei Mischmist ist deren Vorkommen immer am deutlichsten.

Und es gibt die aktuelle Meinung, dass Pilze in Beeten, in denen viel alter Mist vorhanden ist, weder im Lehm noch im gärenden Material, nicht gedeihen, da dieser das Myzel abtötet. Auch das muss ich widerlegen. Ich habe im Winter in Veilchen- und Nelkenbeeten üppige Ernten von spontan wachsenden Pilzen gesehen, wo der Boden zu mindestens einem Viertel aus verrottetem Mist bestand, der gut mit der Erde vermischt war. In Gurken- und Salatbeeten ist das Gleiche passiert. Und in ähnlichen Beeten, die künstlich mit Pilzmyzel bepflanzt wurden, sind ebenfalls gute Pilzernten gewachsen, und das Myzel, anstatt den Klumpen alten Mists im Boden auszuweichen, bildet oft ein weißes Netz mitten durch sie hindurch.

KAPITEL XIII.

Dies ist ein wichtiger Vorgang im Pilzanbau, für den Lehm unverzichtbar ist. Es besteht darin, die Mistbeete nach dem Laichen mit einer Schicht oder Hülle, wie man es allgemeiner nennt, aus Lehm zu bedecken. Der Laich breitet sich im Mist aus und steigt in die Hülle auf, wo sich die meisten jungen Pilze entwickeln und alle einen festen Halt finden. Auch der Lehm trägt zu ihrer Ernährung bei. Und es schützt den Mist, also den Laich, vor plötzlichen Temperaturschwankungen und bewahrt ihn vor übermäßiger Benetzung oder Austrocknung.

Der beste Boden für diesen Zweck ist nährstoffreicher, faseriger und weicher Lehm, wie er auf Seite 100 beschrieben wird.

Wenn der Mist frisch und in gutem Zustand ist und die Beete in einem gemütlichen Keller oder einem geschlossenen Pilzhaus stehen, würde ich sie erst in der zweiten Woche nach dem Laichen, etwa am achten oder zehnten Tag, ausscheiden; Würden sich diese Betten jedoch in einem offenen, luftigen Schuppen oder einem anderen Gebäude befinden, würde ich sie einige Tage früher, beispielsweise am vierten oder fünften Tag, abgeben. Es wird häufig die Befürchtung geäußert, dass, wenn die Beete innerhalb von drei oder vier Tagen nach dem Laichen verrohrt werden, der strenge Ausschluss des Mists von der Luft dazu führen kann, dass sich die Hitze des Mists im Beet erhöht und dadurch der Laich zerstört wird; aber ich habe nie etwas Wahres an dieser Theorie erfahren, und bei gut zubereitetem Mist bin ich davon überzeugt, dass kein zügiges Wiedererhitzen stattfindet, zumindest zeigt das Thermometer dies nicht an. Die große Gefahr einer frühen Ummantelung besteht darin, dass der Laich abgetötet wird, indem er zu tief in feuchtem Material vergraben wird und bevor er begonnen hat, durch den Mist zu laufen.

Ich habe mehrere Experimente durchgeführt, um mich selbst davon zu überzeugen, wann der richtige Zeitpunkt ist, die Beete zu bedecken, und habe keinen Unterschied in den Ergebnissen zwischen Beeten festgestellt, die gleich nach dem Laichen bedeck wurden, und anderen, die erst am vierten, siebten, zehnten oder vierzehnten Tag nach dem Laichen bedeck wurden. Die guten oder schlechten Ergebnisse zum Zeitpunkt des Bedeckens hängen vom Zustand des Düngers in den Beeten, der Tiefe, in der der Laich eingebracht wurde, der Offenheit oder Enge des Ortes, an dem sich die Beete befinden, und anderen Kulturbedingungen ab. Aber das Bedecken erst am fünfzehnten oder sechzehnten Tag nach dem Laichen zu verzögern, ist schädlich für die Ernte, weil wir beim Aufbringen der Erdabdeckung mit Sicherheit viele der Myzelfäden zerstören, die zu diesem Zeitpunkt bereits so frei die Oberfläche des Düngers durchdrungen haben. Nach der vierten Woche können hier und da kleine weiße Knoten auf den Laichfäden beobachtet werden; diese bilden Pilze, und das Bedecken des Beets bis zu diesem Zeitpunkt zu verzögern, würde diese kleinen Stecknadelköpfe ersticken und unsere Aussichten auf eine gute Ernte erheblich beeinträchtigen.

Peter Henderson hat in seinem unschätzbar wertvollen Werk „Gardening for Profit" ein tief verwurzeltes Vorurteil gegen den Schimmel auf Pilzbeeten geweckt, sobald diese entstanden sind, indem er uns erzählte, dass er bei seinem ersten Versuch, Pilze zu züchten, zwei Tage lang gearbeitet hatte Jahrelang war er nicht in der Lage, einen einzigen Pilz hervorzubringen, und das alles nur, weil er seine Beete gleich nach dem Laichen mit einer fünf Zentimeter dicken Lehmhülle übergossen hatte. Dann änderte er seine Taktik und schimmelte erst am zehnten oder zwölften Tag nach dem Laichen auf den Beeten und wurde mit guten Pilzernten belohnt. Trotz der Erfahrung von Herrn Henderson ist es eine Tatsache, dass viele ausgezeichnete Züchter ihre Beete noch am selben Tag laichen und formen, und das mit Erfolg. Aber Herr H. hat viel Gutes getan, indem er einen Fels gezeigt hat, an dem viele scheitern könnten, so viel hängt von anderen kulturellen Bedingungen ab. Die alte Praxis, den Laich drei oder mehr Zoll tief in das Mistbett einzuführen und ihn dann sofort mit fünf Zentimeter dickem Lehm zu formen, reichte aus, um den stärksten Laich zu zerstören; Heutzutage bedecken wir den Laich kaum noch mit dem Mist, und so gelingt das sofortige Umformen so erfolgreich.

Die gesamte erforderliche Vorbereitung besteht darin, dass der Lehm in einem halbtrockenen, weichen Zustand vorliegt, mit dem Spaten oder der Grabegabel gut aufgebrochen und von Stöcken, Steinen, großen Wurzeln, Klumpen, alten Miststücken und Ähnlichem befreit wird.

Das Sieben des Bodens zur Ummantelung der Beete ist verlorene Arbeit. Gesiebter Boden hat keinen Vorteil gegenüber ungesiebtem Boden, es sei denn, er soll zum Abtragen der tragenden Schichten oder zum Füllen der Löcher in deren Oberfläche verwendet werden.

Der Zustand des Bodens sollte locker, aber zu Feuchtigkeit neigend sein. Im nassen Zustand lässt es sich nur umständlich verarbeiten und nur schwer verteilen; Im trockenen Zustand lässt es sich leicht verteilen, macht es aber nicht fest und lässt sich auf Firstbetten nicht gleichmäßig auftragen. Aber wenn es mäßig feucht ist, lässt es sich leicht und gleichmäßig auf flachen oder abgerundeten Oberflächen verteilen und fest und glatt machen.

Wie tief die Form auf das Bett gelegt werden soll, ist ebenfalls eine ungeklärte Frage. Einige Züchter empfehlen drei Viertel Zoll, andere ein, eineinhalb, zwei oder zweieinhalb Zoll, und einige unserer besten Züchter vor fünfzig oder fünfundsiebzig Jahren haben nachdrücklich drei Zoll als solche empfohlen die richtige Tiefe, aber unter neueren Autoren finde ich keinen, der über zweieinhalb Zoll hinausgeht. Meine eigene Erfahrung spricht für eine dicke Abdeckung, sagen wir eineinhalb bis zwei Zoll. Bei einer dünnen Abdeckung gehen die Pilze zwar gut hervor, aber ihre Beschaffenheit ist nicht so fest wie bei einer dicken Abdeckung, und die Beete tragen auch nicht so lange; außerdem ist das „Beschlagen" unter dünn bedeckten Betten weitaus häufiger als unter stark bedeckten Betten; Außerdem entwickeln sich bei einer schweren Lehmschicht viel mehr der „Stecknadelköpfe" zu ausgewachsenen Pilzen als bei dünn geformten Beeten.

Über die Verdichtung des Bodens gehen die Meinungen auseinander. Ich bin dafür, den Boden ziemlich fest zu stopfen, und habe noch nie gute Pilze gesehen, die nicht durch eine gut verdichtete Lehmschicht gewachsen wären, und mir ist auch kein Fall bekannt, in dem eine feste Lehmschicht die Ausbreitung des Myzels oder die Entwicklung der Pilze gestoppt oder gehemmt hätte. Bei flachen Beeten, wie sie beispielsweise auf Regalen und Böden angelegt werden, kann eine leicht verdichtete Schicht (und das ist alles, was Herr JG Gardner verwendet) in Ordnung sein, aber bei Beeten entlang von Wänden, Graten und anderen abgerundeten Beeten bevorzuge ich fest verdichtete Lehmschichten und verwende diese immer.

Herr Henshaw verwendet seit mehreren Jahren etwa fünf Zentimeter dicke grüne Grassoden, die er mit der Grasseite nach unten über das ganze Beet legt und fest andrückt. Der Vorteil der Verwendung von Grassoden statt Erde besteht seiner Meinung nach darin, dass die jungen Pilzhaufen nie feucht werden oder „abdriften", wie dies bei der Verwendung von Erde häufig der Fall ist.

Ich habe diese Methode mit grünen Rasensoden wiederholt und sorgfältig ausprobiert und bin überzeugt, dass sie in keiner Weise Vorteile gegenüber gewöhnlichem faserigem Lehm bietet; sie ist tatsächlich nicht so gut. Egal wie fest man eine Rasensode mit der grünen Seite nach unten auf ein Mistbett klopft, es besteht kaum eine Verbindung zwischen beiden; die Rasensode liegt lediglich auf dem Mist, aber so dicht, dass das Myzel ungehindert eindringen kann. Eine leichte Bewegung oder Verschiebung der Rasensode, nachdem das Myzel hineingedrungen ist, reißt die Myzelfäden zwischen Mist und Rasensode und zerstört die unreifen Pilze, die sich in der Rasensode bilden. Dies hat mir eine Menge Ärger bereitet. Wenn man auf die Rasensode tritt, wird sie gestört. Ein Büschel starker Pilze, das sich darunter bildet, verdrängt sie manchmal, wenn sie sich ihren Weg an die Oberfläche bahnen.

Rollrasen sind nur für flache Beete geeignet, wo sie fest liegen können; auf abgerundeten oder geriffelten Beeten können sie zu leicht gestört werden.

Und der Aufwand und die Kosten für die Beschaffung von Rollrasen sind zu groß, um ihre Verwendung zu rechtfertigen, selbst wenn sie Vorteile hätten.

KAPITEL XIV.

DÜNGUNG MIT LEHM.

In Beeten, die bereits in voller Blüte stehen oder ihre beste Zeit schon etwas hinter sich haben, finden wir oft eine Vielzahl sehr kleiner oder „stecknadelkopfgroßer" Pilze, die direkt auf der Oberfläche des Lehms zu sitzen scheinen, oder Klumpen, die durch ihr Wachstum in Büscheln etwas über die Oberfläche gehoben wurden, oder was wir als „Felsen" bezeichnen. Eine Deckschicht aus fein gesiebtem, frischem Lehm, etwa 0,6 bis 1,25 cm dick, die über das ganze Beet verteilt wird, hilft diesen Pilzen erheblich, ohne ihnen zu schaden. Obwohl diese Deckschicht allen Pilzen hilft, die über der Erde sichtbar sind, egal wie klein sie beim Auftragen der Deckschicht sein mögen, bin ich nicht davon überzeugt, dass sie die Fruchtbarkeit des Pilzes steigert oder, mit anderen Worten, die Ausbreitung des Pilzes weiter fördert und mehr Pilze hervorbringt, als dies ohne Deckschicht der Fall wäre. Ich weiß, dass dies im Widerspruch zu den Meinungen und Schriften vieler steht, gleichzeitig entspricht es meiner eigenen Beobachtung.

Gehen Sie das Beet sehr sorgfältig durch und entfernen Sie jeden weichen oder „verkrusteten" Pilz, egal wie klein er auch sein mag, und entfernen Sie jedes Stück des alten Pilzstiels oder des zähen, schwammigen Materials, das sich daraus gebildet hat. Reinigen Sie das Beet auf diese Weise gründlich. Füllen Sie dann alle Löcher auf, die durch das Herausziehen der Pilze oder das Entfernen der alten Stümpfe entstanden sind, und verteilen Sie die Deckschicht gleichmäßig auf der gesamten Oberfläche des Beets, wenn die gesamte Oberfläche eben ist. Vermeiden Sie dabei möglichst, die weit fortgeschrittenen Pilze zu vergraben. Es wäre zwar sehr gut, die Deckschicht gleichmäßig auf dem Beet zu verteilen, aber das ist nicht praktikabel. Wir können sie mit dem Handrücken sanft auf die kahlen Stellen zwischen den Pilzen drücken, aber wir sollten dies nicht einmal über den Pilzen tun, egal wie klein sie auch sein mögen, da sonst viele der „Stecknadelköpfe" verletzt werden und es zum „Verkrusten" kommt.

Aber wir können das Dressing am Beet festigen, indem wir es gießen, was auf der gesamten Oberfläche des Beetes erfolgen kann und ohne die Pilze, ob groß oder klein, zu schonen. Verwenden Sie klares Wasser und tragen Sie es vorsichtig durch einen Wassertopf auf. Ich mache das immer und habe noch nie erlebt, dass es die jungen Pilze verletzt.

Bei Pilzbeeten, bei denen schwarze Flecken in der Ernte aufgetreten sind, habe ich herausgefunden, dass eine gleichmäßig über das gesamte Beet verteilte Topdüngung aus feiner, frischer Erde in gewissem Maße als Vorbeugung gegen weiteren Befall wirkt, aber natürlich hat keine Wirkung auf die bereits befallenen Pilze, ob groß oder klein.

Kapitel XV.

DIE RICHTIGE TEMPERATUR.

Die beste Temperatur, um das Pilzhaus oder den Pilzkeller aufzubewahren, liegt bei 55° bis 57°. Aber vieles hängt von der Methode zur Züchtung des Eskulenten ab; der Bau des Hauses oder Kellers und andere Umstände. Pilze können erfolgreich in Gebäuden gezüchtet werden, in denen die Temperatur nur 20 °C oder 65 °C betragen kann. Indem die Beete gut mit Heu oder anderem Schutzmaterial abgedeckt werden, können sie auch bei starkem Frost warm gehalten werden, wie es die Londoner Gärtner im Winter mit ihren Beeten im Freien tun; aber wenn die Temperatur in der Struktur, in der die Pilze gezüchtet werden, durchschnittlich 70 °C beträgt, können wir nicht auf Erfolg hoffen; tatsächlich sind 65° zu hoch.

Eine hohe Temperatur in einem engen Haus oder Keller ist schädlich; sie beschleunigt die Ernte und treibt die Pilze schwach und dünnfleischig und mit unförmigen, langen Stielen nach oben; sie erschöpft das Beet bald. Die Zeit, in der ihre schädlichen Auswirkungen am wenigsten sichtbar sind, ist im frühen Herbst und im späten Frühjahr, wenn die Außentemperatur hoch ist und die Beete eher in luftigen als in engen Räumen liegen. In den Dosoris-Kellern besteht ein konstanter Temperaturunterschied von etwa 5° zwischen dem Ende neben dem Kessel, das genau auf 60° gehalten wird, und dem am anderen Ende, das konstant 55° anzeigt. Es gibt sehr wenig Unterschied im Gewicht der Ernte, die auf den Beeten an beiden Enden dieser Keller produziert wird, aber der geringe Unterschied spricht für das kühlere Ende. Bei 60° beginnt die Ernte sechs bis sieben Wochen nach dem Laichen zu reifen, hält drei bis vier Wochen bei starker Ernte und eine Woche oder mehr länger bei leichter Ernte und nimmt dann allmählich ab.

Bei einer Temperatur von 55 °C kann es sieben Wochen nach dem Laichen dauern, bis die Pilze erscheinen. Bei einer Temperatur von 50 °C kann es ein paar Tage länger dauern, bis sie erscheinen, aber in der Regel sind sie fest, schwer, kurzstielig und vielleicht an der Oberseite etwas pelzig und fühlen sich feucht an, und die Beete halten lange gute Haltung für zwei Monate; tatsächlich oft einen ganzen Winter lang. Aber ich konnte nicht feststellen, dass die Gesamternte aus einem Beet mit einer Temperatur von 45 bis 50 °C größer war als die eines ähnlichen Beetes mit einer Temperatur von 55 bis 57 °C; Es geht lediglich darum, in sechs Wochen aus dem wärmeren Haus das zu bekommen, was man in zehn Wochen aus dem kühleren Haus braucht.

Bei einer Temperatur von 50° ist es nicht notwendig, die Beete abzudecken, um ihre Wärme zu erhöhen, und es ist auch nicht nötig, selbst bei einer Temperatur von 45°, wenn im Beetkörper eine angemessene Wärme

vorhanden ist, um den Laich am Laufen zu halten; Fällt die Wärme im
Inneren des Bettes jedoch unter 57°C und die Lufttemperatur unter 45°C,
sollte das Bett warm gehalten werden, indem man es mit Heu, Stroh, Matten
oder anderem Material bedeckt, oder noch besser, indem man es darüber in
einen Kasten legt Verlegen dieser Abdeckung auf der Außenseite der Box.
Bei Kälte den Belag verdicken, bei Wärme schwächen.

Kapitel XVI.

Wenn die Beete trocken werden, sollten sie gewässert werden, denn Pilze wachsen in trockenen Beeten oder in trockener Atmosphäre nicht gut. Das Gießen ist ein Vorgang, der viel Sorgfalt erfordert. In richtig angelegten Beeten sollte der Dünger von Anfang bis Ende feucht genug bleiben, und die sichtbare Trockenheit sollte in der Lehmschicht der Beete und in der Atmosphäre vorhanden sein. In allen künstlich beheizten Pilzhäusern neigen die Beete und die Atmosphäre dazu, irgendwann zu trocken zu werden; in unterirdischen Häusern oder Kellern ist dies weniger offensichtlich als in oberirdischen Bauten; in schattigen, nach Norden ausgerichteten Häusern ist Trockenheit weniger problematisch als in offeneren Häusern.

Versuchen Sie mit allen Mitteln, die Notwendigkeit des Gießens der Beete zu verringern, aber wenn Wasser benötigt wird, zögern Sie nicht, es großzügig zu geben. Das Mulchen der Beete und die Aufrechterhaltung einer feuchten Atmosphäre sind die besten Vorbeugungsmaßnahmen. Nachdem die Beete gezüchtet und geformt wurden, ist es ein guter Plan, sie mit einer dünnen Schicht Strohstreu oder Heu zu bedecken, um ein Austrocknen zu verhindern. Diese Mulchschicht sollte jedoch entfernt werden, wenn die jungen Pilze bald erscheinen. Ein leichtes Besprenkeln dieser Mulchschicht alle paar Tage, aber nie genug, um den Boden zu erreichen, hilft dabei, genügend Feuchtigkeit im Beet unter der Mulchschicht und auch in der Atmosphäre des Hauses zu bewahren.

Sauberes, weiches Wasser mit einer Temperatur von 80° oder 90°; ein wenig wärmer oder ein wenig kälter schadet nicht, verwenden Sie jedoch kein Wasser mit einer höheren Temperatur als 110°, da dies die kleinen Stecknadelköpfe verletzen könnte, und auch keine niedrigere als die durchschnittliche Temperatur im Haus, da dies das Bett auskühlen würde, und dies sollte grundsätzlich vermieden werden.

Verwenden Sie eine kleine oder mittelgroße Gießkanne mit langem Ausguss und einem feinen Brausekopf. Gießen Sie das Wasser in einem sanften Strahl über das Beet, die Pilze und alles, aber verwenden Sie nie so viel Wasser, dass es sich in Pfützen absetzt oder in kleinen Rinnsalen abläuft. Über die Pilze gesprenkeltes sauberes Wasser scheint ihnen nicht zu schaden, sie sollten jedoch nie mit Mistwasser in Berührung kommen, da es Flecken hinterlässt. Geben Sie Wasser, sobald die Oberfläche des Beets Anzeichen von Trockenheit zeigt; die Menge hängt vom Zustand des Beets ab. Lassen Sie ein Beet nie sehr trocken werden, bevor Sie es gießen. Um ein sehr trockenes Beet gründlich zu befeuchten, muss reichlich gegossen werden; so viel sogar, dass die plötzliche Veränderung den jungen Pilzen und dem Brutpilz schaden könnte. Geben Sie jeweils genug Wasser, um den Boden mäßig zu befeuchten, nicht um ihn zu durchnässen, aber nie genug, um durch den Boden in den Mist zu sickern. Sauberes Wasser sollte nur verwendet werden, bis die Beete Früchte tragen, aber danach kann Mistwasser mit Vorteil verwendet werden; dies ist jedoch keineswegs zwingend erforderlich; Tatsächlich können hervorragende Ernten ohne die Zuhilfenahme von Güllewasser erzielt werden und werden dies auch kontinuierlich getan.

Bei volltragenden Beeten ist Güllewasser für die Pflanzen von Vorteil. Verwenden Sie es aus einer kleinen Gießkanne mit langer, schmaler Tülle, aber ohne Brause, und gießen Sie die Flüssigkeit vorsichtig über die Oberfläche des Beets, sodass sie frei zwischen den Büscheln verläuft, aber niemals die Pilze berührt. Aus diesem Grund sollte keine Brause verwendet werden.

Ich habe für Pilze immer mehr oder weniger Mistwasser verwendet, aber in den letzten beiden Saisons – 1987/88 und 1988/89 – habe ich kontinuierlich und sehr vorsichtig damit experimentiert und es in der einen oder anderen Form auf einem Teil jedes Beets verwendet. Ich bin überzeugt, dass Mistwasser aus frischem Pferdemist das beste ist und die dunkel gefärbte Flüssigkeit, die Abflüsse von Misthaufen, am schlechtesten ist. Letzteres ist tatsächlich nicht so gut wie normales Wasser, da es auf die Beete eher eine abtötende als eine belebende Wirkung zu haben scheint. Kuhmist und Schafmist ergeben einen guten Flüssigmist, aber ich bevorzuge trotzdem den Pferdemist, und obwohl ich Hühner- und Taubenmist und Guano fair getestet habe, bin ich nicht überzeugt, dass sie der Ernte zugute gekommen sind, und ihre Verwendung ist immer mit Risiken verbunden. Flüssigmist aus dem Inhalt des Stalltanks hat nicht viel gebracht, aber frischer Urin aus den Pferde- und Kuhställen, der auf das Zwölf- bis Fünfzehnfache seiner Menge verdünnt wurde, hat günstige Ergebnisse gebracht.

Pilze ertragen nicht nur ungestraft, sondern scheinen stärkere Gülle mehr zu genießen als alle anderen Kulturpflanzen, und ich bin überzeugt, dass die schwachen Flüssigkeiten, die normalerweise für Topf- und Gartenpflanzen empfohlen werden, bei Pilzen kaum wirksamer sind als einfaches Wasser.

Das Güllewasser, das mir am meisten Freude bereitet hat, wird wie folgt zubereitet: Schütten Sie zwei Scheffel frischen Pferdeäpfels in ein 45-Gallonen-Fass und füllen Sie es mit Wasser auf; rühren Sie es gut um und lassen Sie es über Nacht stehen. Lassen Sie die Flüssigkeit am nächsten Tag abtropfen und geben Sie ein Pfund Salpeter dazu. Zur Verwendung geben Sie zu einem Eimer dieser Flüssigkeit einen Eimer warmes Wasser hinzu. Wasser mit etwa 80° bis 90° ist für Pilzbeete am besten geeignet. Salpeter ist ein ausgezeichneter Dünger für Pilze. Ich verwende ihn auf zwei Arten, nämlich: Erstens, pulverisiert und in den Boden gemischt, um die Beete einzuhüllen, im Verhältnis von zwei Unzen Salpeter zu einem Scheffel Erde. Zweitens, im Verhältnis von zwei Unzen Salpeter zu acht Gallonen Wasser in Wasser aufgelöst und über die Beete gestreut.

Ich verwende gewöhnliches Salz als Insektizid und auch als Dünger und bin überzeugt, dass es sich in beiden Fällen als nützlich erweist. Manchmal streue ich es großflächig auf die Oberfläche der Beete, immer auf die kahlen Stellen, ohne die Pilze zu berühren, und lasse es dort ein oder zwei Tage lang liegen. Dann wasche ich es mit einer feinen, sanften Prise Wasser in den Boden. Dies soll helfen, die Anguillulas zu zerstören. Als Dünger lösen Sie einfach vier Unzen Salz in zehn Gallonen Wasser auf und bestreuen damit die Beete.

Eine zu trockene Atmosphäre lässt sich beheben, indem man die Böden, Wände oder Streubeläge auf den Beeten mit Wasser besprüht, nicht stark oder reichlich, sondern sanft und nur so weit, dass die Oberflächen benetzt werden; Es ist besser, die Stelle auf diese Weise häufig zu befeuchten, als sie ständig zu durchnässen. Aber ich mag es überhaupt nicht, die Beete zu bestreuen, um die Atmosphäre anzufeuchten. Ein erfahrener Mann kann sofort erkennen, ob die Atmosphäre im Pilzhaus zu trocken ist oder nicht. Die Luft im Pilzhaus sollte sich immer feucht anfühlen, gleichzeitig aber nicht rau oder kalt, die Boden- und Wandflächen sollten eine langsame Tendenz zur Austrocknung aufweisen und die Erde auf den Beeten sollte ihr dunkles, feuchtes Aussehen behalten. Der geringsten Neigung zur Trockenheit sollte sofort durch Anfeuchten der Wand- und Bodenflächen entgegengewirkt werden.

In Häusern, die mit Rauchabzügen oder noch häufiger mit gewöhnlichen Öfen und Blechrohren beheizt werden, kann es notwendig sein, die Böden und Wände einmal oder mehrmals am Tag zu befeuchten, um eine ausreichend feuchte Atmosphäre aufrechtzuerhalten. In Häusern mit Warmwasserleitungen und Häusern mit geringer Dichte, die nur wenig künstliche Wärme benötigen, ist ein so häufiges Besprühen nicht erforderlich. Bei Betten in unbeheizten Gebäuden ist die normale Atmosphäre im Allgemeinen feucht genug.

Gülledampf zur Befeuchtung der Atmosphäre. – Der verstorbene James Barnes aus England, ein großartiger alter Gärtner, schreibt im London *Garden* , Bd. III, Seite 486, beschreibt seine Methode, Pilze vor sechzig Jahren zu züchten, und sagt: „Im Winter wurde eine schöne feuchte Wärme aufrechterhalten, indem man heißen Stallmist hineinlegte und ihn oft umdrehte." Herr John G. Gardner aus Jobstown, New Jersey, ist einer von Herrn Barnes' alten Schülern und ein äußerst erfolgreicher Pilzzüchter, und er praktiziert jetzt dieselbe Methode der Befeuchtung der Atmosphäre durch heißen Mistdampf. Siehe Seite 21.

Zum Befeuchten der Böden des Pilzhauses sowie der Beete verwende ich einen mittelgroßen Gießtopf und feine Rosen; Aber zum Besprühen der Wände und anderer Teile, die für die Gießkanne nicht leicht zugänglich sind, verwende ich eine gewöhnliche Gartenspritze.

Kapitel XVII.

Sammeln und Vermarkten von Pilzen.

Dies ist ein wichtiger Punkt beim Anbau dieser Speisepflanze und sollte mit größter Sorgfalt beachtet werden.

Wann Pilze zum Sammeln geeignet sind, hängt von mehreren Bedingungen ab, beispielsweise davon, ob sie für den Markt oder den Hausgebrauch bestimmt sind und ob sie für Suppen oder Eintöpfe benötigt werden. Damit sie frisch und attraktiv aussehen und auf dem Markt am besten ankommen, sollten sie gesammelt werden, wenn sie prall und frisch sind und kurz bevor die Rüsche, die den Hut mit dem Stiel verbindet, auseinanderbricht. Die französischen Pilze sollten immer gesammelt werden, bevor die Rüsche aufplatzt; die englischen Pilze sehen auch am besten aus, wenn sie zu dieser Zeit gesammelt werden, aber sie sind zulässig, wenn sie gesammelt werden, wenn die Rüsche zu platzen beginnt und bevor sich der Hut flach geöffnet hat. Wenn die Pilze eine Tendenz zur Bildung langer Stiele zeigen, sollten sie etwas früher geerntet werden, früh genug, um sie mit kurzen Stielen zu bekommen, denn lange Stiele sind auf dem Markt unbeliebt; das Gleiche gilt für dunkle oder verfärbte oder alte Pilze jeglicher Art. Manchmal haben wir bei einer Ernte nicht genug Pilze, damit es sich lohnt, sie auf den Markt zu bringen, und sind versucht, sie bis morgen ungeerntet zu lassen, wenn sie größer geworden sind und viele weitere groß genug zum Sammeln sind. Dies sollte niemals getan werden. Es wird eine ungünstige, ungleiche Menge geben, einige groß, einige klein, einige alt, einige jung. Viel besser ist es, alle zu pflücken, sobald sie reif zum Ernten sind, und alles sicher an einem kühlen Ort und abgedeckt aufzubewahren, bis weitere zur Verwendung bereit sind, und auf diese Weise eine gleichmäßig erscheinende Menge junger Produkte zu erhalten.

Pilze für Suppen sollten immer gesammelt werden, bevor sie ihre Kiemen platzen lassen; tatsächlich werden sie meist im Knopfzustand gesammelt; das heißt, wenn sie etwa die Größe von Murmeln haben. In diesem Zustand behalten sie beim Kochen ihr weißes Aussehen und verfärben die Suppe nicht. Unreifen Pilzen fehlt der Geschmack.

Für den Heimgebrauch, zum Backen, Schmoren, Grillen oder zum Kochen auf jede Art und Weise, bei der die Zartheit des Fleisches und das köstliche Aroma der Pilze in ihrem besten Zustand erwünscht sind, lassen Sie die Pilze ihre volle Größe erreichen und ihre Rüschen platzen lassen, Wie in Abb. 24 zu sehen ist, sammeln Sie sie, bevor sich die Kappen flach öffnen, sonst verlieren die Kiemen etwas von ihrer leuchtend rosa Farbe. Wenn Sie sie vor dem Sammeln so alt werden lassen, dass die Kiemen braun werden, werden die Pilze eine ledrige Konsistenz, verlieren an Geschmack und werden beim Kochen leider dunkel.

ABB. 24. EIN PERFEKTER PILZ.

Ziehen Sie die Pilze beim Pflücken immer an der Wurzel heraus und schneiden Sie sie, wenn möglich, um dies zu vermeiden, niemals mit einem Messer ab. Fassen Sie die Pilze beim Pflücken an, drehen Sie sie scharf, aber sanft und drücken Sie sie gleichzeitig nach unten. Im Allgemeinen lösen sie sich problemlos vom Beet. Legen Sie sie dann mit der Wurzel nach unten in die Körbe, damit sie vollkommen sauber und frei von Sand bleiben. Manchmal, wenn mehrere Pilze in einem Wurzelstock vereint sind und es unmöglich ist, einen zu entfernen, ohne das Ganze zu stören, schneiden Sie ihn lieber ab, als ihn herauszuziehen. Bei jungen Pilzbüscheln, bei denen einer nicht herausgezogen werden kann, ohne auch einige der anderen zu verdrängen, schneiden Sie ihn lieber aus, als ihn herauszuziehen. Es gibt ein Geschick beim Pilzesammeln, das man sich durch Übung leicht aneignen kann. Und selbst wenn sie in dichten Büscheln auftauchen und es unmöglich scheint, die ausgewachsenen Exemplare herauszuziehen, ohne die anderen zu stören, kann eine geübte Hand sie zucken und ziehen – sie lösen sich oft schon bei der sanftesten Berührung vom Bett – und holen Sie sie heraus, ohne die vielen kleinen Knöpfe zu öffnen, die möglicherweise um sie herum wachsen.

Das Abschneiden über das Abschneiden hat mehrere Vorteile: Es kommt dem Beet zugute. Wenn wir einen Pilz abschneiden und seinen Stumpf im

Boden lassen, setzt nach ein paar Tagen Fäulnis ein und eine flauschige oder schwammige Substanz wächst um den alten Stumpf herum, die viele der kleinen Pilze in der Umgebung sowie jeden Myzelfaden, der damit in Berührung kommt, zerstört. Man sollte diese Stümpfe unbedingt mit einem Messer aushöhlen, bevor dieser Zustand eintritt, und alle paar Tage über die Beete gehen, um die Löcher, die beim Aushöhlen der alten Stümpfe entstanden sind, mit frischem Lehm zu füllen.

Gezupfte Pilze bleiben immer länger frisch als geschnittene. Im Interesse des Marktteilnehmers haben sie noch einen weiteren Vorteil. Pilze werden nach Gewicht gekauft und verkauft, und da die Stiele immer am Hut hängen, werden alle zusammen gewogen; Wäre ein Teil der Stängel abgeschnitten worden, wäre das Gewicht geringer gewesen und im gleichen Verhältnis auch der Preis; Wenn die Stiele jedoch ganz erhalten bleiben, profitieren nicht nur die Pilze davon, sondern auch das Gewicht und damit der Preis erhöhen sich.

Sammeln von Feld- oder Wildpilzen. — Suchen Sie sie am Morgen, bevor die Sonne zu warm wird und sie zu offen oder alt werden. Wenn Sie sie in ihrem perfekten Zustand sammeln und aufbewahren möchten, ziehen Sie sie an den „Wurzeln" heraus, entfernen Sie sorgfältig jegliche Erde und legen Sie sie dann ordentlich in den Korb, mit dem Wurzelende nach unten. Wenn Sie ein dickes Blatt Papier über die Schicht legen, können Sie auf die gleiche Weise ein weiteres darüber legen und so weiter, bis der Korb voll ist. Wenn Sie es aber nicht so genau nehmen und sie zum sofortigen Gebrauch oder für Ketchup oder zum Trocknen benötigen, ist die übliche Methode, sie abzuschneiden und in großen Mengen nach Hause zu tragen, ausreichend.

Vermarktung von Pilzen. — Die meisten Marktgärtner, die in der Nähe von New York City wohnen, verkaufen direkt und liefern ihre Pilze an Hotels, Restaurants und Obsthändler. Aber einige von ihnen, auch die meisten von denen, die in beträchtlicher Entfernung von der Stadt wohnen, verkaufen ihre Pilze über Kommissionshändler in New York; diese wiederum verkaufen in Mengen, die den Kunden entsprechen.

Pilze werden pro Pfund verkauft und kommen in Schachteln aus starkem unbearbeitetem Papier auf den Markt. Einige Züchter lassen leichte Holzkisten anfertigen, die jeweils ein bis vier Pfund Pilze fassen. Diese eignen sich als praktische und stabile Verpackung für den Expressversand. Sie können einzeln verschickt werden, oder, wie es bei den Papierkartons der Fall ist, mehrere zusammen in Kisten oder Kartons verpackt. Indem er billige Körbe mit einem oder mehreren Pfund Inhalt direkt an Hotels schickt – Mr. Gardner-Körbe fassen zwölf Pfund – werden oft verwendet, aber beim Versand an Kommissionshändler, die sie in Mengen verteilen müssen, die zu den Kunden passen, sollten Pilze immer in Kisten oder Körben mit einem, zwei, drei oder vier Pfund, vorzugsweise einem Pfund, verpackt werden .

Pilze sind nicht wie Kartoffeln oder Äpfel, die man anfassen, neu abmessen und umpacken kann, ohne sie zu beschädigen. Bei jeder Bearbeitung werden viele von ihnen sich verfärben und möglicherweise kaputt gehen, sodass sie unverkäuflich, wenn nicht sogar wertlos, werden.

Beim Sammeln und Verpacken von Pilzen für den Versand ist äußerste Sorgfalt von größter Wichtigkeit. Sammeln Sie sie, sobald sie in bestem Zustand sind, unabhängig davon, ob sie am selben Tag verpackt und verschickt werden sollen oder nicht. Lassen Sie sie niemals aufplatzen, bevor Sie sie gesammelt haben, und schneiden Sie niemals kurze Stiele ab. Lange Stiele müssen gekürzt werden, aber erst, wenn alles zum Verpacken bereit ist. Entfernen Sie mit einer sehr weichen Haarbürste die Erde, die am Hut des Pilzes haften könnte, und reiben Sie mit einer härteren Bürste oder der Rückseite eines Messers die Erde vom Wurzelende des Stiels ab. Sortieren Sie dann die Pilze – die großen einzeln, die mittelgroßen einzeln, die kleinen oder knopfgroßen einzeln, und verpacken Sie jede Sorte einzeln. Packen Sie sehr fest, ohne sie zu quetschen, und so, dass die hübschen Hüte optimal zur Geltung kommen. Packen Sie Pilze nie mehr als zwei Lagen tief, ohne viel weiches Papier zwischen den Lagen zu verwenden, und legen Sie nie eine schwere Masse davon in eine Kiste oder einen Korb. Sie verfärben sich so leicht, dass insgesamt etwa ein Pfund pro Schachtel ausreicht, wenn wir sie sicher transportieren und ihre helle, frische Schale behalten möchten, ohne anzulaufen.

Herr Barter aus London schreibt mir: „Die Körbe, in denen wir unsere Pilze vermarkten, sind die gleichen, die auch für Erdbeeren oder Pfirsiche verwendet werden. Diese fassen nur ein Pfund, aber es wird mittlerweile üblicher, kleine Kisten mit Inhalt anfertigen zu lassen." von drei bis fünf Pfund, da sich diese besser zum Packen in größeren Koffern für lange Reisen eignen.

Kapitel XVIII.

ALTE BETTEN WIEDERBELEBEND.

Unter Gärtnern ist die Meinung weit verbreitet, dass abgenutzte Beete, die keine Früchte mehr tragen, durch Bewässerung, bestimmte Stimulanzien und erneutes Aufwärmen wieder so belebt werden können, dass sie wieder voll Früchte tragen und eine zweite, gute Ernte einbringen. Ich habe diese Frage eingehend und aus praktischen Erwägungen heraus geprüft und es ist mir absolut nicht gelungen, ein „totes" Beet wiederzubeleben. Ich selbst habe es nicht geschafft und mir ist auch noch nie ein Fall aufgefallen, in dem es gelungen wäre. Angesichts der zahlreichen gegenteiligen Schriften mag dies als Ketzerei erscheinen.

Ein Pilzbeet kann viele Monate lang unregelmässig Früchte tragen und hin und wieder Schübe erhöhter Fruchtbarkeit aufweisen; dies ist jedoch keine zweite Ernte; es ist lediglich ein verlängertes Tröpfeln der ersten Ernte. Ein Beet kann aufgrund von Kälte oder Trockenheit sozusagen stillstehen oder teilweise aufhören zu tragen und wird bald, nachdem es wieder befeuchtet, erwärmt und anderweitig angenehmen Bedingungen ausgesetzt wurde, neue Energie zeigen; dies ist jedoch keine zweite Ernte; es ist lediglich ein Schub der ersten Ernte, der durch besonders günstige Kulturbedingungen verursacht wird. Um jedoch zu zeigen, wie vage diese Frage, über die so viel geschrieben wird, betrachtet wird, möchte ich aus einem Brief an mich von Herrn J. Barter zitieren, der jährlich 21.000 Pfund Pilze für den Londoner Markt anbaut: „Sie fragen mich: ‚Erzielen Sie jemals eine zweite Ernte?‘ Meine Beete tragen im Durchschnitt alle drei Monate Früchte, und das sind meiner Meinung nach drei Ernten. Aber ob es nun drei oder sechs Monate sind, das Gewicht der Pilze ist ungefähr gleich. Da beispielsweise in einer Tonne Dünger nur eine bestimmte Menge an Pilzproduktionskraft steckt, haben Sie einen Vorteil, wenn Sie ihn zwingen, dieses Gewicht in zwei Monaten zu produzieren, da Sie dadurch Arbeit sparen; aber wenn diese Produktionskraft erschöpft ist, werden keine Pilze mehr produziert."

Ein verbrauchtes Pilzbeet ist ein Beet, das unter den günstigsten uns zur Verfügung stehenden Umständen in fruchttragendem Zustand gehalten wurde, eine gute Ernte gebracht hat, etwa zwei Monate lang Früchte getragen hat und nun aufgehört hat zu tragen (außer in dürftiger, sporadischer Weise), weil sich das Myzel erschöpft hat und tot ist. Wie sollen wir dann Pilze bekommen, ohne lebendes Myzel im Beet? Einige Myzelstücke sind noch am Leben und bringen vereinzelt Früchte hervor, aber jeder Pilz, den sie hervorbringen, raubt ihnen ihre Vitalität, und nach einiger Zeit werden auch sie sterben und das Beet völlig unfruchtbar sein, denn das Myzel ist völlig tot, und ohne Myzel sind Pilze unmöglich. Wir können Pilzmyzel das ganze

Jahr über und Jahr für Jahr in aktivem Wachstum halten, vorausgesetzt, wir lassen es nie Pilze tragen. Dies geschieht, indem wir das Myzel kurz bevor es zu tragen beginnt, aus einem Mistbeet nehmen und in ein anderes pflanzen, und so weiter von Beet zu Beet. Bei jeder Neuverpflanzung versucht das Myzel, erneut zu wachsen, denn es muss erst eine starke Pflanze werden, bevor es stark genug ist, um einen Pilz zu produzieren und zu ernähren. Unsere größten Bemühungen haben es nie geschafft, Myzel in einem Zustand zu erhalten, in dem Pilze mehrjährig wachsen.

KAPITEL XIX.

Insekten und andere Feinde.

Der Pilzzüchter hat mit vielen Insekten zu kämpfen, und um sie zu besiegen, sollte man sich mit ihnen vertraut machen und wissen, was sie sind, was sie tun, woher sie kommen und wie man sie vernichtet. Man sollte die Krankheiten und Missgeschicke seiner Ernte studieren und versuchen, ihre Ursachen herauszufinden. Wenn wir die Ursache für die schlechte Gesundheit von Pflanzen, sogar von Pilzen, kennen, können wir die Krankheit wahrscheinlich stoppen oder ein Heilmittel dafür entwickeln oder Mittel finden, um ihr Wiederauftreten zu verhindern, und wenn wir dem gegenwärtigen Objekt keinen Nutzen bringen können, sind wir vor zukünftigen Angriffen gewarnt. Aber es gibt in dieser Hinsicht eine Menge mysteriöser Probleme beim Pilzanbau. Wir wissen wahrscheinlich etwas über die Verwüstungen, die Insekten oder parasitäre Schimmelpilze über der Erde anrichten, aber ich bin sicher, dass unter der Erde eine Menge Unheil geschieht, über das wir sehr wenig oder gar nichts wissen. Die Übel, denen das Myzel ausgesetzt ist, sind überhaupt nicht vollständig verstanden.

„Maden." – Dies ist unter praktischen Pilzzüchtern die gebräuchliche Bezeichnung für die Larven einer Fliegenart (Diptera), die von April bis in die warmen Sommermonate hinein den Pilzanbau unrentabel macht. Es ist unvermeidlich und hat sich bisher als unbesiegbar erwiesen. Er befällt Pilze in tiefen Kellern, oberirdischen Häusern, Gewächshäusern oder Gerüsten und kommt oft recht häufig bei früh wachsenden Pflanzen auf offenen Feldern vor. Wir lesen manchmal, dass es in unbeheizten Kellern nicht vorkommt, aber das ist ein Irrtum, denn in unseren unbeheizten Tunnelkellern, wo die Temperatur im April nicht über 55 °C liegt, treten Maden immer gegen Ende dieses Monats auf. Allerdings treten Maden in kühlen Häusern und mit Heu oder Stroh bedeckten Beeten nicht so früh in der Saison auf wie in warmen Häusern und offenen Beeten. Während strikte Sauberkeit und Sorgfalt bei der Schließung des Hauses oder Kellers zweifellos viel dazu beitragen, die Probleme zu lindern, konnte ich sie nie überwinden und kenne niemanden, der dies getan hat. Im Sommer hören wir einfach auf, Pilze anzubauen.

Die Maden oder Larven sind etwa drei Sechzehntel bis vier Sechzehntel Zoll lang, weiß mit schwarzem Kopf und kommen in allen Teilen des Pilzes vor, meist jedoch in der Kappe und an der Basis des Stiels, und durchbohren sich hin und her Sie hinterlassen ein ekelhaftes Netzwerk aus Höhlen. Ungefähr sobald sie an der Erdoberfläche auftauchen, werden die winzigen Knöpfe befallen, aber das hemmt nicht ihr Wachstum und wenn sie sich zu Pilzen entwickeln, die groß genug sind, um sie zu sammeln, es sei denn, es handelt

sich um einen dunkel aussehenden Einstich oder eine Markierung ab und zu
Dann sind an der Außenseite der Kappen und Stängel nur wenige Anzeichen
zu erkennen, die für das unerfahrene Auge auf das Vorhandensein von
Maden hinweisen. Und das ist der Grund, warum Madenpilze im Sommer so
oft freiliegend zum Verkauf angeboten werden. Aber bei großen oder
ausgewachsenen Pilzen und insbesondere bei den weißhäutigen Sorten ist ihr
Vorhandensein deutlich sichtbar. Obwohl Madenpilze sehr abstoßend und
für die Ernährung völlig ungeeignet sind, sind sie nicht giftig.

Allerdings sind nicht alle Pilze der Sommerkulturen von Maden befallen,
sondern nur ein großer Teil davon. Die Plage beginnt im April, nimmt im
Verlauf des Sommers zu und endet im August – zumindest ist das meine
Erfahrung.

Eine Lösung aus Salz, Salpeter oder Ammoniak, die über die Oberfläche der
Beete gestreut wird, nützt in diesem Fall nichts, da ein Insektizid, in der Luft
verteiltes Pyrethrumpulver und Tabakrauch wirkungslos waren. Eine Lampe
in einem Wasserbecken brennen zu lassen, auf dessen Oberfläche etwas
Kerosin schwimmt, ist ein höchst zweifelhaftes Unterfangen. Scharen von
Fliegen werden durch diese Lampenfalle vernichtet, aber es sind die armen
kleinen unschuldigen „Mistfliegen“, und die Atmosphäre im Haus wird
verdorben und für die Ernte ungesund. Ich habe diese Lampenfallen Saison
für Saison ausprobiert und nie etwas davon gehört; das heißt, die Maden
schienen in dem mit Lampenfallen ausgestatteten Keller genauso zahlreich
zu sein wie in dem anderen Keller, in dem keine Lampenfalle verwendet
worden war.

Bezüglich dieser „Maden“-Frage schreibt mir Herr JF Barter aus London:
„Während der Sommermonate werden die Pilze im Freien Maden, bevor sie
groß genug sind, um sich zu sammeln, aber natürlich können sie das ganze
Jahr über in kühlen Kellern gezüchtet werden.“ .... Ich kenne kein sicheres
Heilmittel für sie (die Maden); natürlich verhindert eine leichte Streuung von
Salz mit Mist oder Schimmel bis zu einem gewissen Grad, aber es muss sehr
vorsichtig angewendet werden. Nun habe ich, wie schon gesagt, die
Erfahrung gemacht, dass es hier im Sommer unmöglich ist, selbst in kühlen
Kellern Pilze zu züchten, ohne dass sie mehr oder weniger Maden haben.
Was das Salz- und Lehmpräventiv angeht, habe ich es leicht und kräftig
versucht, aber ohne erkennbare gute Wirkung.

Schwarzer Fleck. „Alle Pilzzüchter sind mit dieser Krankheit vertraut, aber
wenn sie nicht in ausgeprägter Form auftritt, wird sie selbst von Marktleuten
kaum beachtet, denn wir sehen ständig gefleckte Pilze, die zum Verkauf
angeboten werden. Es erscheint als dunkelbraune Flecken, Streifen oder
Sommersprossen auf der Oberseite der Pilzkappen und nimmt mit
zunehmendem Alter an Deutlichkeit und Breite zu. Abb. 25 . Sie wird durch

Aalwürmer (*Anguillulæ*) verursacht. Diese winzigen Lebewesen dringen in die Pilze ein, wenn diese sich in ihrer kleinsten Nadelform befinden und bevor sie aus dem Boden auftauchen. Wenn ein Knopf sauber entsteht, bleibt er sauber, wenn er krank ist, bleibt er weiterhin krank, und es ist eine Tatsache, dass, wenn ein Pilz in einem Büschel einen schwarzen Fleck hat, wir normalerweise feststellen, dass jeder Pilz im Büschel diesen hat. Aber Pilze, die aus demselben Laichstück wachsen und ein oder zwei Zentimeter von den gefleckten Pilzen entfernt auftauchen, können vollkommen sauber sein. Schwarze Flecken sind bei mir in neuen Betten nie aufgetreten, und selten in denen, die kräftig gebären, aber sie treten im Allgemeinen in Betten auf, die seit einigen Wochen in gebärfähigem Zustand sind oder sich verschlechtern. Es beschränkt sich nicht auf eine bestimmte Stelle oder einen bestimmten Teil des Bettes und ist manchmal viel reichlicher als an anderen. Zwischen Oktober und März haben wir nur sehr wenige schwarze Flecken, aber mit Beginn des Frühlings nimmt diese Krankheit zu. Während der Wintersaison zeigt bei sorgfältiger Aufmerksamkeit vielleicht nicht einmal ein Prozent schwarze Flecken, aber wenn das warme Wetter einsetzt, steigt dieser Prozentsatz, bis im Mai bis zu zwanzig Prozent davon betroffen sein können.

ABB. 25. VON SCHWARZFLECKIGKEIT BEFALLENER PILZ.

Schwarzfleckenkrankheit ist jedoch eine Krankheit, die bekämpft werden kann. Halten Sie alles in und um die Pilzhäuser streng sauber, und sobald ein Beet keine Ernte mehr trägt, die es wert ist, geerntet zu werden, räumen Sie es aus, kalken Sie den Platz, den es einnahm, und machen Sie ein neues Beet. Achten Sie sorgfältig darauf, dass sich nirgends alter Lehm oder Mist ansammeln darf und sich kein grüner Schlamm auf den Brettern, Wegen oder Wänden bildet. Kochendes, mit Alaun imprägniertes Wasser, das über die Bretter, Wände und andere mit Schaum bedeckte Oberflächen gegossen wird, tötet die Aalwürmer ab, es sollte jedoch nicht in Kontakt mit den

Pilzbeeten kommen, die sich in der Entwicklung befinden oder in die Entwicklung kommen. Es kann viel getan werden, um die tragenden Beete vor den Verwüstungen dieses Schädlings zu schützen: Entfernen Sie beim Sammeln der Pilze alle Reste alter Stümpfe und verwelkter Pilze, füllen Sie die Löcher mit frischem Lehm und sorgen Sie dafür, dass sich die Beete in einem tragfähigen Zustand befinden Bestreuen Sie es vierzehn Tage lang mit einer Salzlösung und bestreuen Sie es am nächsten Tag mit einer etwa einen halben Zoll dicken Schicht fein gesiebtem frischen Lehm. Befestigen Sie es mit dem Handrücken am Beet, da es wegen der wachsenden Pilze nicht mit dem Spaten angedrückt werden kann.

Ist schwarzer Fleck ungesund? Das glaub ich nicht. Ich habe noch nie irgendwelche negativen Auswirkungen durch den Verzehr festgestellt. Die gefleckten Teile sind lediglich geschmacks- und geschmacksneutral. Aber es ist eine sehr widerliche Krankheit, und da bin ich mir sicher, dass niemand Lust hätte, Aalwürmer mit ihren Pilzen zu essen. Bis vor Kurzem betrachtete ich den schwarzen Fleck als das Zeichen eines parasitären Pilzes und schickte unter diesem Eindruck befallene Pilze an Dr. WG Farlow, Professor für kryptogame Botanik an der Harvard University, um seine Meinung einzuholen. Er schrieb mir: „Ich finde, dass das Problem auf *Anguillulæ* zurückzuführen ist , und ich finde eine Fülle dieser Tiere in den braunen Flecken.“ Er riet mir, sie einem Experten für „Würmer“ vorzulegen. Dann schickte ich Proben an meinen freundlichen Freund, Herrn William Saunders aus Washington, D.C., der sie für mich an Dr. Thomas Taylor, den Mikroskopiker beim US-Landwirtschaftsministerium, weitergab und der antwortete: „Das empfehle ich Ihnen.“ Sprühen Sie kochendes Wasser gründlich auf die gesamte Oberfläche des Bettes, insbesondere auf den Teil neben der Box. Das kochende Wasser sollte vor dem Erscheinen der Knöpfe aufgetragen werden, darf jedoch nicht mehr als einen Achtel Zoll unter die Oberfläche eindringen gibt es überall dort, wo verrottendes Pflanzenmaterial vorhanden ist, im Überfluss.... Die grünen Algen an der Außenseite von Blumentöpfen kommen in den Anguillulen im Überfluss vor.

Mistfliegen. – Dies ist der Name, den wir den kleinen Fliegen (einer *Sciara -Art*) geben, die im Frühling und Sommer in großer Zahl in unseren Pilzhäusern oder auch in Brutstätten oder Strukturen jeglicher Art, in denen Mist verwendet wird, auftauchen über die Misthaufen im Hof. Aufgrund ihrer Gewohnheiten werden sie mit großem Unmut betrachtet. Sie hüpfen im Haus umher und rennen auf verdächtige Weise ständig über Pilze, Beete und Wände. Dennoch neige ich dazu, sie für völlig harmlos zu halten, was die Schädigung der Pilzernte betrifft, abgesehen von der Tatsache, dass sie die Pilze etwas verschmutzen, wenn sie mit ihren schlammigen Füßen darüber laufen.

Bei dem Versuch, die Madenfliege loszuwerden, habe ich eine große Anzahl dieser kleinen Unschuldigen vernichtet, ohne dass ihre Anzahl merklich zurückgegangen wäre. Lachaume empfiehlt: „Diese Fliegen können vernichtet werden, indem man etwa eine Anzahl von Töpfen mit Wasser füllt, dem einige Tropfen Terpentinöl zugesetzt wurden. Die Fliegen werden vom Geruch angezogen und ertränken sich. Man kann sie auch mit einem schwimmenden Licht fangen, in dem sie ihre Flügel verbrennen und ins Wasser fallen." Ich habe festgestellt, dass reines Buhach-Pulver, das in die Luft gestreut oder auf einer heißen Schaufel im Pilzhaus verbrannt wird, diese Fliegen wirksamer vernichtet als die Methode mit einer Lampe oder Ertränken.

Schnecken. —Das sind schwerwiegende Schädlinge im Pilzhaus, vor allem in oberirdischen Bauten, und kommen auch in Kellern in störender Zahl vor. Überall dort, wo Heu oder Stroh zum Bedecken der Beete verwendet wird oder das Haus mit viel Holz verkleidet ist, scheinen Nacktschnecken am zahlreichsten zu sein. Sie lieben Pilze sehr und befallen sie in allen Stadien, vom winzigen Knopf, der gerade aus dem Boden schlüpft, bis zur voll entwickelten Pflanze. Bei den Knopfpilzen oder kleinen Pilzen fressen sie meist ein Stück oben oder an der Seite des Hutes heraus, und mit fortschreitendem Wachstum des Pilzes weiten sich diese Wunden auf und zeigen eine hässliche Narbe oder Entstellung. Sie beißen auch in die Stängel. Aber bei frischen, ausgewachsenen Pilzen scheinen sie eine besondere Vorliebe für die Kiemen zu haben und fressen hier und da Flecken aus ihnen heraus.

„Kugel-" oder „Schuss"-Löcher. – Meine Aufmerksamkeit wurde zuerst von Herrn AH Withington aus New Jersey darauf gelenkt. Es handelt sich um kleine Löcher, die durch die Pilzkappen geschnitten sind, als ob sie von einem Schrot durchbohrt worden wären, und offensichtlich das Werk eines Insekts sind. Zuvor hatte er einige dieser perforierten Pilze bei Prof. S. Lockwood eingereicht, der sie zur Stellungnahme an Prof. CV Riley schickte. Prof. Riley antwortete: „Es ist sehr wahrscheinlich, dass der Schaden von einem Myriapoden, möglicherweise einem Julus, oder einigen seiner Verbündeten verursacht wurde. Nur die Beobachtung vor Ort kann diesen Punkt klären." Da ich nie Probleme damit hatte, dass Myriapoden Pilze angreifen, und nichts von dieser „Einschussloch"-Arbeit in unseren eigenen Beeten gesehen hatte, interessierte mich die Frage sehr und ich war entschlossen, danach Ausschau zu halten, also markierte ich einen Teil eines Beetes und ließ das unbeachtet. Ich fand das Problem bald heraus. Diese Löcher sind das Werk von Schnecken, die ich gefunden und dabei beobachtet habe, wie sie die Löcher ausfressen. Um die Schnecken bei der Arbeit zu finden, muss man seine Laterne nehmen und nachts hinausgehen und nach ihnen suchen. Und um etwas über Pflanzenparasiten – seien es

Pilze oder Insekten – herauszufinden, muss man sie in Ruhe lassen und beobachten. Hätten wir unsere schonungslose Jagd nach Schnecken fortgesetzt, hätten wir wahrscheinlich noch nicht wissen können, was diese „Einschusslöcher" verursacht hat, denn keine Nacktschnecke wäre lange genug am Leben geblieben, um ein Loch durch einen Pilzhut zu fressen.

Schnecken müssen gefangen und getötet werden. Wir können sie nachts finden, indem wir im Licht einer Lampe nach ihnen suchen; ihre schleimige Spur glänzt und verrät ihre Anwesenheit. Ein paar kleine Stücke Schiefer oder halb verrottete Bretter mit einer Prise Kleie darauf, die man hier und da in den Beeten ausbreitet, sind praktische Fallen; die Schnecken versammeln sich, um die Kleie zu fressen, verstecken sich unter dem verrotteten Holz und können dann gefangen und getötet werden. Frische Salatblätter sind eine hervorragende Falle, aber Salat ist im Januar oder Februar ungefähr so selten wie Pilze selbst. Eine Salzlösung schmeckt Schnecken nicht, ist aber für Pilze nicht schädlich. Starkes, frisches Kalkwasser kann problemlos über Holzarbeiten, Wege, Wände oder andere Stellen gestreut werden, an denen sich Schnecken versammeln und verstecken könnten; diese Lösung sollte jedoch nicht auf den Pilzbeeten verwendet werden. Strenge Sauberkeit im Pilzhaus und ein stets wachsames Auge auf Schnecken sollten diese jedoch unter Kontrolle halten.

Kellerasseln. — Diese kommen in jedem Pilzhaus mehr oder weniger häufig vor, sogar im Keller. Sie kriechen durch Türen, Ventilatoren oder andere Zwischenräume hinein, werden mit dem Mist hereingebracht und finden Unterschlupf im Holzwerk, Mist oder in irgendwelchen trockenen Abfallstücken, die herumliegen. Sie befallen Stecknadelköpfe und kleine Champignons, indem sie kleine Flecken in deren Oberseite und Seiten beißen; und obwohl diese Flecken anfangs klein sind, breitet sich der Makel mit dem Wachstum des Pilzes aus und ist ein unangenehmes Merkmal. Das Einfangen und Töten der Insekten ist das Hauptmittel. Legen Sie einen Teil einer halb gekochten Kartoffel (für die kein Salz verwendet wurde) in eine kleine Pappschachtel, bedecken Sie die Kartoffel mit etwas sehr trockenem Sumpfmoos, legen Sie die Schachtel auf die Seite und öffnen Sie sie am Ende auf dem Bett. Die Kellerasseln werden sich versammeln, um die Kartoffel zu fressen, und bleiben nach dem Fressen, weil das trockene Moos ihnen ein gemütliches Versteck bietet. Es können mehrere dieser kleinen Schachteln verwendet werden. Gehen Sie morgens durch das Haus, heben Sie die kleinen Fallen schnell an und schütteln Sie alle darin befindlichen Kellerasseln in einen Blecheimer (ein alter Schmalzeimer reicht aus), der ein wenig Wasser und Kerosin enthalten sollte. Diese Fallen können beliebig lange verwendet werden, wobei Sie lediglich darauf achten müssen, die Kartoffeln ab und zu auszutauschen, damit sie in appetitanregendem Zustand sind. Um die Kellerasseln zu vernichten, können Sie heißes Wasser oder eine starke Kerosinemulsion um das Holzwerk, die Wände und die Wege gießen, aber die Beete dürfen nicht berührt werden. Als Köder für diese Schädlinge wurden vergiftete Süßäpfel, Kartoffeln und Pastinaken empfohlen, aber ich muss davon abraten, Gifte jeglicher Art im Pilzhaus zu verwenden. Sechs oder acht Zoll große Stücke halb verfaulter, sehr trockener Bretter, die paarweise übereinander gelegt werden, ergeben ebenfalls hervorragende Fallen; die Kellerasseln versammeln sich dort, um sich zu verstecken; diese Fallen sollten häufig überprüft und die Insekten in den Eimer mit Wasser und Kerosin geschüttelt werden.

Milben. — Im Frühling und Sommer sind zwei Milbenarten sehr häufig bei Pilzen anzutreffen; die eine ist weißlich und kleiner als eine „rote Spinne" (eines der häufigsten Insektenschädlinge bei Gartenpflanzen), die andere ist gelblich und so groß oder größer als eine „rote Spinne". Ich glaube jedoch nicht, dass eine dieser Milben als Pilzschädling in Betracht gezogen werden sollte. Die gelbe Milbe (wahrscheinlich *Lyroglyphus infestans*) ist in strohigem Streu auf der Oberfläche von Mistbeeten äußerst häufig anzutreffen, und ich bin mir sicher, dass sie eher als Mistschädling denn als Pilzparasit in das Pilzhaus gelangt. Sie sind die Folge und nicht die Ursache von Schäden an der Ernte. Wenn Pilze verletzt oder geknackt werden, insbesondere am Stiel, tummeln sich diese Milben oft in den Spalten, richten jedoch keinen materiellen Schaden an.

Mäuse und Ratten. — Diese Nagetiere sind sehr pilzbegeistert und können dort, wo sie Zugang zu den Beeten haben, lästig und zerstörerisch sein. Sowohl die Hausmaus als auch die Weißbauchmaus sind Pilzzerstörer, aber die flinke, aber scheue Feldmaus (im Garten, im Freien und im Rahmen von Kulturpflanzen allgemein) hat unsere Pilze bisher noch nie belästigt, aber ich kann nicht glauben, dass diese Immunität von ihrer Seite aus absichtlich herbeigeführt wird. Die Mäuse beißen hier und da ein kleines Stück aus den Hüten der jungen Pilze, und diese Bissspuren breiten sich mit fortschreitendem Wachstum der Pilze aus und werden zu unansehnlichen Entstellungen. Bei offenen Pilzen ziehen die Mäuse jedoch, wie Schnecken, die Lamellen den fleischigen Hüten vor. Ratten sind weitaus zerstörerischer als Mäuse. Fallen sind das einzige Mittel, das ich anwende, und ich würde in den Pilzhäusern aus offensichtlichen Gründen kein Gift gegen diese Tiere verwenden. Aber wir sollten unsere Häuser gegen ihre Einfälle sichern.

Kröten. — Diese werden als gute Insektenfallen für Pilzhäuser empfohlen, aber ich möchte sie dort nicht haben; die Heilung ist so schlimm wie die Krankheit. Das Pilzbeet ist ein kleines Paradies für die Kröte. Sie klettert darauf und gräbt oder stößt sich ein gemütliches kleines Loch, wo immer sie will, und zwar viele, und kümmert sich nicht darum, ob sie bei ihren Bemühungen, es sich bequem zu machen, die schönsten Büschel junger Pilze aus den Beeten herausgeweht hat.

Abdriften. — Dies ist eine der häufigsten Krankheiten, die kultivierten Pilzen eigen ist. Sie besteht darin, dass ein Teil der jungen Pilze weich wird, schrumpft und abstirbt, wobei sie normalerweise auch eine bräunliche Farbe annehmen. Diese verwelkten Pilze kommen nicht einzeln hier und da auf der Oberfläche des Beets vor, sondern in Flecken; im Allgemeinen werden alle oder fast alle der sehr kleinen Pilze in einem Klumpen braun und weich, und es gibt keine Hilfe für sie; sie werden nie wieder ihre Fülle zurückgewinnen. Einige Autoren führen das Abdriften auf ungünstige atmosphärische Bedingungen zurück – die Temperatur kann zu kalt oder zu heiß oder die Atmosphäre zu feucht oder zu trocken sein. Ich bin überzeugt, dass das Abdriften auf die Zerstörung der Myzelfäden zurückzuführen ist, die diese Pilze stützen; es ist eine Krankheit der „Wurzel", um diesen Ausdruck zu verwenden; da die „Wurzeln" abgetötet sind, müssen die Spitzen zwangsläufig absterben. Wenn es durch ungünstige Bedingungen über der Erde verursacht würde, würden wir erwarten, dass die gesamte Ernte mehr oder weniger geschädigt würde; aber das passiert nicht; Die Pilze in einem Büschel können verwelkt sein, während die Pilze in benachbarten Büscheln vollkommen gesund sind.

Alles, was das Myzel oder die Myzelfäden abtötet, führt dazu, dass alle kleinen Pilze, die an diesen Myzelfäden hingen, vom Beschlagen erfasst werden. Wenn das Beet oder Teile davon ständig feucht oder trocken gehalten werden, führt dies zum Beschlagen und somit zum Tropfen; auch das Gießen mit sehr kaltem Wasser soll dies verursachen, aber das habe ich nicht festgestellt. Das Lösen der Erde durch abruptes Herausziehen der großen Pilze zerstört viele der kleinen Pilze und Stecknadelköpfe, die am selben Büschel haften; und wenn große Pilze sich durch die Erde drücken und etwas Erde verdrängen, werden wahrscheinlich alle so verdrängten kleinen Pilze verkümmern, da die Myzelfäden, an denen sie zur Unterstützung befestigt waren, durchtrennt wurden. Ein häufiger Grund für das Beschlagen ist das Abschneiden der Pilze beim Sammeln und das Zurücklassen der Stümpfe im Boden; nach einigen Tagen entwickelt sich auf diesen Stümpfen eine weiße, flaumige oder fleckige Substanz, die jeden Myzelfaden, der dorthin führt, zu vergiften scheint, und alle gegenwärtigen und zukünftigen Pilze, die an diesem unterbrochenen Myzelnetz haften, werden vom Gift des verfaulenden alten Pilzstumpfs angegriffen und verfallen. Jegliche unreine Materie im Beet, mit der das Myzel in Berührung kommt, zerstört die Brut und verfallen die jungen Pilze. Lachaume beklagt die Larven zweier Käfer, nämlich *Aphodius fimetarius* und *Dermestes tessellatus* , die „großen Schaden anrichten, indem sie die Brut fressen und dadurch die Fortpflanzungsfäden zerstören ". Schäden dieser Art durch diese oder andere Insektenschädlinge führen zum Verfallen. Aber ich habe weder die oben genannten Käfer noch ihre Larven in unseren Beeten bemerkt.

Flock. — Dies ist die schlimmste aller Pilzkrankheiten und kommt überall dort vor, wo Pilze künstlich gezüchtet werden. Es ist keine neue Krankheit; ich kenne sie seit 25 Jahren, und sie war damals genauso verbreitet wie heute, und praktische Gärtner haben sie immer *Flock genannt*. Ich sage „schlimmste aller Krankheiten", weil *ich weiß*, dass davon betroffene Pilze sowohl ungesund als auch unverdaulich sind, und ich kann mir ohne weiteres vorstellen, dass sie in schweren Fällen giftig sind. Sie wird durch andere Pilze verursacht, die die Lamellen und Rüschen der Pilze befallen und sie zu einer harten, flockigen Masse machen; manchmal behalten die betroffenen Pilze ihre weiße Haut, Farbe und normale Form, manchmal wird der Hut mehr oder weniger verformt. Die Abbildung, Abb. 26, ist aus dem Leben gegriffen und ein guter Durchschnitt eines von Flock befallenen Pilzes. Beim Sammeln von Pilzen sollten die Züchter darauf bestehen, dass jeder von Flock befallene Pilz entsorgt wird, und Pilzkonsumenten sollten sich mit dieser Krankheit vertraut machen, um jeden Pilz zu erkennen und abzulehnen, der eine Spur davon aufweist.

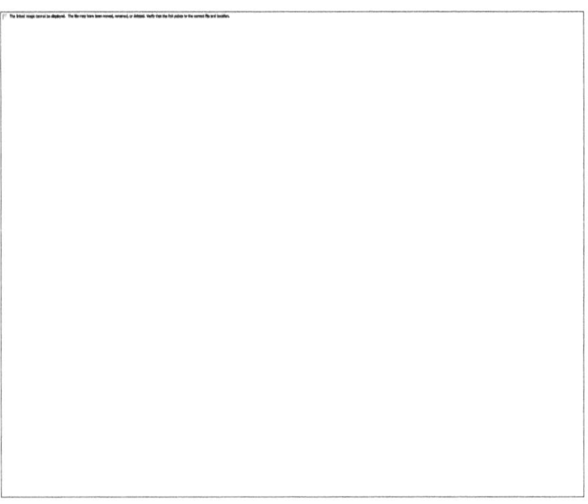

ABB. 26. EIN VON DER HERDE BEFALLENER PILZ.

Flock befällt zu keinem Zeitpunkt alle Pilze in einem Beet und ich glaube nicht, dass er sich im Beet ausbreitet oder, um den Ausdruck zu verwenden, ansteckend wird. Wenn ein Schimmelfleck auf einer Gurke, Rose oder Weinrebe im Innenbereich auftritt und nicht beseitigt wird, breitet er sich schnell über die gesamte Pflanze oder die Pflanzen aus, und wenn ein Schimmelpilzfleck in einem Vermehrungsbeet auftritt und nicht sofort beseitigt wird Es breitet sich bald über eine große Fläche aus und zerstört jeden Steckling oder Sämling in seiner Reichweite. Dies ist jedoch bei Schwarm in einem Pilzbeet nicht der Fall. Wenn ein Pilz von Schwarm betroffen ist, ist jeder Pilz betroffen, der aus diesem Stück Brut entstanden ist, aber nicht ein Pilz, der aus den neben diesem Stück liegenden Brutstücken entstanden ist, ist davon betroffen; Auch dann nicht, wenn das Myzel aus den verschiedenen Laichklumpen ein verflochtenes Netz bildet. Wenn sich der Schwarm auf die Pilze beschränkt, die aus einem bestimmten Stück Brut erzeugt werden, fragen sich manche vielleicht: Werden die anderen Stücke Brut, die aus demselben Ziegelstein gebrochen wurden, Schwarm-befallene Pilze hervorbringen? Nein. Ich habe diesem Punkt besondere Aufmerksamkeit geschenkt, die Stücke jedes Ziegelsteins dicht beieinander gehalten und dort, wo ein Schwarm aufgetaucht ist, konnte ich nicht feststellen, dass die anderen Laichstücke dieses Ziegelsteins eher dazu neigen, von Schwarm befallene Pilze zu produzieren als es der Fall ist die Ziegelstücke, die bisher keine Anzeichen von erkrankten Produkten zeigten.

Wie weit verbreitet ist diese Krankheit? In einem Beet von sagen wir drei Fuß Breite und neun Fuß Länge, das zwei Monate lang Früchte trägt, kann man zwischen fünf und fünfzig Flockenpilzen finden; ein oder zwei können heute vorkommen, und wir finden vielleicht erst nach ein oder zwei Wochen wieder einen, dann aber einen ganzen Haufen davon, und so weiter. Es ist nicht die große Anzahl, die sie gefährlich macht, denn sie kommen nie in großen Mengen vor. Manchmal erscheinen sie unter den ersten Pilzen im Beet, aber im Allgemeinen erst, nachdem das Beet eine oder zwei Wochen lang Früchte getragen hat.

Welche Bedingungen für das Wachstum dieser Krankheit am günstigsten oder ungünstigsten sind, weiß ich nicht; Die Ursache hierfür liegt jedoch sicherlich nicht in einer Schwäche des Pilzes selbst, da der Parasit wahllos gesunde, robuste und geschwächte Pilze befällt. Dieser Flockenzustand wird durch einen oder mehrere saprophytische und parasitäre Pilze geringer Herkunft verursacht, deren verschiedene Teile auf einfache oder verzweigte Fäden reduziert und in Abständen in röhrenförmige Zellen unterteilt sind, oder es handelt sich um lange, durchgehende mikroskopisch kleine Röhren ohne Trennwände , außer an den gelegentlichen Stellen, an denen ein Zweig, der Sporen produzieren soll, abgegeben wird. Im Allgemeinen sind zwei oder mehr Arten dieser Fadenpilze gleichzeitig auf dem Wirtspilz vorhanden und erzeugen durch die mehrfache Kreuzung und Verflechtung ihrer Fäden und Zweige in großer Zahl die weißliche, filzige Masse des „Schwarms"; Dagegen sind die Fäden als Individuen so winzig, dass sie mit bloßem Auge kaum oder gar nicht sichtbar sind. Ähnliche Fadenpilze findet man häufig im Wald zwischen feuchten Blättern, unter morschen Baumstämmen und auf den porösen Pilzen, die schelfartig aus den Baumstämmen herausragen. Gegenwärtig gibt es keine bekannte Möglichkeit, die „Herde" zu vernichten, außer, jede von ihr angegriffene Pilzgruppe aufzunehmen und zu vernichten. Glücklicherweise ist die Krankheit nicht sehr schwerwiegend, wenn die entsprechenden Vorsichtsmaßnahmen beachtet werden; denn in unseren eigenen Kellern, wo seit elf Jahren Jahr für Jahr Pilze gezüchtet werden, bekommen wir in keinem Beet nur wenige Pilzschwärme. Die Krankheit ist heute nicht häufiger als in irgendeinem früheren Jahr. Aber wir unterziehen unsere Keller jeden Sommer einer gründlichen Reinigung.

Reinigung der Pilzhäuser. — Nach Abschluss der Erntesaison sollten die Pilzhäuser und Keller gründlich gereinigt werden. Räumen Sie die alten Beete aus und bringen Sie alle beweglichen Boden- und Regalbretter nach draußen, kratzen Sie jedes Stück losen Abfall oder Schmutz zusammen und werfen Sie es weg, fegen Sie die Wände und die übrig gebliebenen Bretter ab. Tünchen Sie die Wände mit heißem Kalktünche und streichen Sie jedes Stück Holz großzügig mit Rohöl oder Kerosin. Dies dient der Vernichtung von Anguillulen und anderen Insekten- und Pilzparasiten. Wenn Sie die nach draußen gebrachten Bretter wieder verwenden möchten, fegen Sie sie ab und streichen Sie sie reichlich mit Kerosin. Und wenn Ihr Keller oder Haus einen Erdboden hat, hilft es, ihn überall mit reichlich ätzendem Kalkwasser zu besprenkeln, um ihn von Ungeziefer zu befreien.

KAPITEL XX.

PILZZUCHT IN DEN GEBÄUDEN VON LONDON.

Im Vorwort von *Kitchen and Market Gardening* (London) heißt es:

"Herr W. Falconer und Herr CW Shaw haben im Zusammenhang mit dem London *Garden* den unserer Meinung nach ersten Versuch unternommen, die beste Kultur in Londoner Gemüsegärten lange und systematisch zu beobachten." Dies wird erwähnt, um darauf hinzuweisen, dass der Autor zu diesem Thema aus Erfahrung spricht. Und obwohl ich seit siebzehn Jahren keinen Kontakt mehr zu den Londoner Gemüsegärten habe, habe ich mich durch meine erneuten Besuche vor einigen Jahren und durch Korrespondenz und die Gartenzeitung bemüht, über alle dort praktizierten Änderungen der Methoden und Verbesserungen in der Kultur auf dem Laufenden zu bleiben. Zu dieser Zeit gehörten Steele, Bagley, Broadbent, Dancer, Pocock und Myatt zu den größten und besten Gärtnern in London, und seitdem sind mehrere dieser großartigen alten Herren verstorben und ihre Felder wurden umgepflügt und bebaut. Zu dieser Zeit waren Pilze eine der allgemeinen Nutzpflanzen, ebenso wie Brechbohnen oder Blumenkohl, und wurden zu ihrer Jahreszeit ganz selbstverständlich gepflanzt. Heute sind sie zu einer Spezialität geworden, und einige Gärtner widmen ihre ganze Energie ausschließlich dem Pilzanbau und erzielen mit einem Hektar Pilzen einen Reingewinn von 2.000 bis 5.000 Dollar im Jahr, und das auch noch auf Dämmen im offenen Feld! Es gibt keine andere Feldfrucht, die einen so hohen Gewinn abwirft. Dort bekommen sie 24 bis 48 Cent pro Pfund für ihre frischen Pilze, hier bekommen wir 50 Cent bis einen Dollar pro Pfund für unsere. Da der Pilzanbau dort jedoch auf Herbst, Winter und Frühling beschränkt ist, widmen jene Gärtner, die sich auf Pilze beschränken, die Sommermonate nur der Herstellung von Pilzbrut für den Eigenbedarf und auch zum Verkauf.

Mr. John F. Barter aus der Lancefield Street in London, der König der Londoner Pilzzüchter, schreibt mir am 10. Dezember 1888: „Von August bis März beschäftige ich Männer mit der Herstellung von Pilzbeeten. Um die gleiche Belegschaft zu halten, lasse ich dann etwa 10.000 Scheffel Ziegelmyzel für den Verkauf herstellen. Mit dem Verkauf von Myzel verdiene ich gerade die Hälfte meines Lebensunterhalts." Sehen wir uns das einmal an: 10.000 Scheffel = 160.000 Ziegel, und jeder Ziegel wiegt ein Pfund, also haben wir 160.000 Pfund. Bei zehn Cent pro Pfund (Einzelhandelspreis) ist das insgesamt 16.000 Dollar; bei fünf Cent pro Pfund (angenommener Großhandelspreis) 8.000 Dollar oder bei dreieinhalb Cent pro Pfund (angenommener Herstellerpreis) 5.600 Dollar.

Der Mist wird aus den Ställen der Stadt bezogen und von den Gärtnern auf ihren Rückwegen vom Markt nach Hause geschleppt. Der nach Mittsommer gesammelte Mist wird für die Pilzzucht verwendet und es wird versucht, den allerbesten Pferdemist für diesen Zweck aufzubewahren. Wenn sich genug für ein Beet angesammelt hat, wird der Mist gewendet und gut geschüttelt, wobei nur der rauere Teil des Strohs entfernt wird, und zum Erhitzen auf einen großen Pyramidenhaufen geworfen; Diese Form gilt als besser als die flache Form, um Regen fernzuhalten. Nach drei bis vier Tagen wird der Mist wieder umgedreht, ausgeschüttelt und wie zuvor aufgehäuft; Danach wird es jeden zweiten Tag gewendet, es sei denn, es regnet, bis es insgesamt sechs oder sieben Mal gewendet wurde. Dann sollte es für die Verarbeitung zu Graten bereit sein.

Der Standort für die Beete sollte ein warmes, gut geschütztes Stück Land sein, entweder im Freiland oder im Obstgarten; Es sollten große Anstrengungen unternommen werden, um es vor kalten Winden zu schützen. Obwohl sehr viele Pilzdämme im Halbschatten von Apfel- und Birnbäumen angelegt werden, habe ich es immer vorgezogen, sie im Freien anzulegen. Der Boden sollte trocken und leicht erhöht oder geneigt sein, so dass sich möglicherweise keine Wasserlachen an der Oberfläche ansammeln können. Nachdem Sie den Boden geräumt, geebnet und vorbereitet haben, markieren Sie ihn abwechselnd in zwei Fuß breite und sechs Fuß breite Streifen. Der zwei Fuß breite Raum ist für das Pilzbeet, der sechs Fuß breite für den Raum zwischen den Beeten; aber nachdem die Grate gebaut, mit Erde bedeckt und mit Stroh bedeckt sind, sind sie an der Basis fast sechs Fuß breit. Die üblichen Gratgrößen sind zwei Fuß breit und zwei Fuß hoch und zweieinhalb Fuß breit mal zweieinhalb Fuß hoch und verjüngen sich an der Spitze auf eine Breite von sechs bis acht Zoll.

Wenn der Mist fertig ist und der Platz für die Beete abgesteckt ist, wird der Mist an den Ort gekarrt und auf die Beete gerollt. Beim Anlegen des Beets den Mist gut und gleichmäßig ausschütteln, damit er zusammenhält, dabei mit der Rückseite einer Gabel feststampfen und zwei- oder dreimal, bevor die Dämme fertig sind, auf dem Mist herumlaufen und ihn mit den Füßen festtreten und die Seiten abschneiden, damit das Regenwasser abläuft. Zwei Tage nach dem Anlegen des Beets sollten mit einer kleinen Eisenstange einige Löcher von oben bis fast zum Boden gebohrt werden, um die Hitze abzulassen und zu verhindern, dass das Innere des Beets zu trocken wird. Machen Sie sie im Abstand von etwa 23 cm entlang der gesamten Mitte des Beets. Die alten Gärtner benutzten keine Brechstange. Sie legten großen Wert darauf, ihre Dämme erst zu bauen, wenn die Gefahr einer Überhitzung als vorüber galt. Doch trotz aller Sorgfalt wurden einige ihrer Beete zu warm. Ohne zu zögern warfen sie sie dann teils nach rechts, teils nach links um und ließen den so freiliegenden Mist ein oder zwei Tage abkühlen, bevor sie an derselben Stelle die Beete erneut anlegten.

Es wird immer Ziegelmyzel verwendet. Einige Pilzzüchter stellen Pilzmyzel sowohl zum Verkauf als auch für den Eigengebrauch her. Die Mehrheit der Gärtner kauft Pilzmyzel jedoch lieber, als ihn selbst herzustellen.

Wenn die Hitze auf 80° bis 90° gesunken ist, werden die Grate gebildet, wobei die Stücke in drei Reihen entlang jeder Seite eingefügt werden, so dass etwa neun Zoll zwischen den Stücken verbleiben. Auf keinen Fall sollte ein Dibber verwendet werden. Der Brutbrut wird mit der Hand fest eingelegt und der Mist angedrückt. Es sollte auf gleicher Höhe mit der Vorderseite des Bettes platziert werden, damit die Form es gerade berühren kann, wenn das Bett verkleidet wird. Bei kaltem oder nassem Wetter werden die Beete unmittelbar nach dem Laichen mit einer dünnen Schicht Rankstreu abgedeckt. Nach ein paar Tagen wird dieser entfernt und die Beete werden mit Schimmel aus dem Boden überzogen, auf den längere Zeit kein Mist ausgebracht wurde. Aber die allgemeinen Gemüsegärtner machen diesen Unterschied nicht; Sie nutzen die Erde zwischen den Hügelkämmen, die seit einigen hundert Jahren oder länger regelmäßig jedes Jahr gedüngt wird. Die Form wird gleichmäßig mit dem Spaten aufgetragen und ist an der Basis des Firsts etwa 5 cm und an der Oberseite etwa 2 cm dick. Durch Ausklopfen mit der Rückseite des Spatens wird sie gut verfestigt. Tatsächlich werden die Grate heute üblicherweise mit einer Wassertopfrose bewässert, nochmals sehr fest geschlagen und die Oberfläche glatt und eben gelassen. Diese glatte Oberfläche leitet Regenwasser leicht ab, aber ich frage mich, ob sie einen Vorteil gegenüber einer gut festen, unglasierten Oberfläche hat. Nach dem Formen werden die Beete je nach Zustand des Beetes und Wetter bis zu einer Tiefe von 10, 15, 20, 20 oder 20 Zentimetern mit Einstreu, das heißt mit dem struppigsten Stroh, das aus dem Mist geschüttelt wurde, bedeckt; Wenn das Bett eher kühl ist oder das Wetter kalt ist, verdicken Sie die Abdeckung.

Durchnässende oder lange Nieselregen sind für die Betten schädlicher als Kälte, und um sie abzuwehren, werden alte Rutenmatten und jede andere erhältliche Stoff- oder Teppichabdeckung über die Einstreu auf den Betten gelegt und mit Stangen oder Brettern beschwert , Steine oder alles andere, was praktisch ist. Berühren Sie diese Abdeckung etwa vier Wochen lang nicht, ziehen Sie sie dann an einem trockenen Tag ab und schütteln Sie die Einstreu locker auf, um sie zu trocknen. Wenn sich weißer Schimmel auf der Erdoberfläche befindet, nehmen Sie eine Handvoll Stroh und reiben Sie ihn ab. Wenn das Bett eher kalt ist, legen Sie eine Schicht sauberes, trockenes Heu neben das Bett und legen Sie darauf die Streudecke wieder auf.

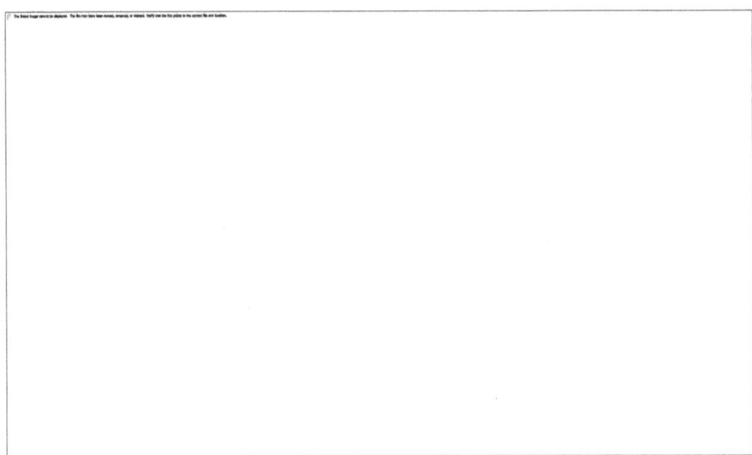

ABB. 27. DIE BEDECKTEN GRATE.

Die ersten Betten werden im August gemacht, danach jeden Monat bis März ein oder mehrere, je nach Zeit, Bequemlichkeit und Material. Sommerbetten werden nur in Ausnahmefällen angeboten. Der Großteil der Beete wird in der Regel im September und Oktober aufgestellt. Im Frühherbst und auch im Frühling bringen die Beete etwa sechs Wochen nach dem Laichen Pilze hervor; im Winter dauern sie je nach Wetterlage acht bis neun Wochen oder länger.

Bei kaltem Wetter werden die Pilze mittags gesammelt; wenn es windig ist und das Sammeln auf einen anderen Tag verschoben werden kann, wird dies getan, da die Streu bei windigem Wetter nicht ausreichend ersetzt werden kann. Beim Sammeln der Pilze zieht ein Mann vorsichtig das Stroh von der Oberseite des Beets herunter und rollt es zu sich hin; ein anderer sammelt die Pilze (er zieht sie an der Wurzel heraus, schneidet sie nie ab) in Körbe und ein dritter Mann deckt das Beet ab. Auf diese Weise gehen die drei Männer auf der einen Seite des Dachfirsts hinauf und auf der anderen hinunter, und die Arbeit wird zügig und gut erledigt, ohne dass ein Teil des Beets länger als ein oder zwei Minuten auf einmal freigelegt wird. Das Freilegen muss dadurch erfolgen, dass das Stroh von der Oberseite des Dachfirsts heruntergerollt wird; würde es aufgerollt, würde die Abdeckung auf der anderen Seite des Dachfirsts mit Sicherheit ein wenig herunterrutschen und viele kleine Pilze abbrechen. Die gesammelten Pilze werden in drei Klassen eingeteilt; die großen oder weit ausgebreiteten heißen „Broiler", die ausgewachsenen, deren Halskrause nur etwa einen halben Zoll breit gebrochen ist, heißen „Cups", und die kleinen weißen, deren Krause überhaupt nicht gebrochen ist, heißen „Buttons". All diese Pilze werden getrennt gehalten. Sie werden auf unterschiedliche Weise vermarktet, aber die Züchter, die Pilze zu einer Spezialität machen, sortieren und verpacken sie in Chips-Körbe, Kisten oder auf andere Weise, je nachdem, wie es die Märkte in den Großstädten und Provinzen verlangen oder vorschlagen. Mr. John F. Barter schreibt mir aus London: „Was die Körbe betrifft, verwenden wir dieselben wie für Erdbeeren oder Pfirsiche" (die Fülle an Pfirsichen, die wir in Amerika haben, ist dort unbekannt), „sie fassen nur ein Pfund. Aber es wird jetzt allgemeiner, kleine Kisten herzustellen, die sagen wir drei bis fünf Pfund fassen; diese lassen sich besser in größere Kisten für lange Reisen verpacken."

Der erste Schnitt ist leicht. Danach wird das Beet drei Wochen lang bei mildem Wetter zweimal wöchentlich, bei schlechtem Wetter einmal wöchentlich geschnitten. Die letzten zwei bis drei Ernten sind dünn und werden nur einmal wöchentlich gesichert. Insgesamt werden von jedem Beet zehn bis elf gute Ernten gesammelt.

Mir ist kein einziger Fall bekannt, in dem versucht wurde, ein altes oder abgenutztes Beet zu renovieren. Aber wenn die Beete so trocken werden, dass sie bewässert werden müssen, löst man eine kleine Handvoll Salz in einem großen Eimer Wasser auf und mit dieser Lösung werden die Beete über der Strohabdeckung reichlich bewässert, aber meines Wissens nie darunter.

Meine alten Freunde George Steele und Mr. Bagley aus Fulham Fields haben einen Teil ihrer Beete nach Osten und Westen angelegt, nicht nur aus praktischen Gründen, was die Beete selbst betrifft, sondern auch, um im Sommer auf der Südseite dieser Beete frühe Tomaten anzubauen. Hier erzielten sie ihre besten und frühesten Ernten, denn die Londoner Gärtner können Tomaten nicht im Freien auf offenen Feldern anbauen, wie wir es in Amerika können. Andere Gärtner räumen den Mist weg, um ihn anderswo auf ihren Feldern zu verwenden, und da er so gut verrottet ist, ist er in einem hervorragenden Zustand für Blumenkohl, Salat, Brechbohnen und andere Feldfrüchte. Aber da die Pilzzüchter, die sich ausschließlich auf Pilze beschränken und den Mist in den verbrauchten Beeten nicht mehr brauchen, nachdem die Pilzbeete keine Früchte mehr tragen, können sie ihn immer zum halben Selbstkostenpreis loswerden. Er eignet sich hervorragend für Gartenfrüchte und als Rasendünger, da er so fein ist und frei von allem Abfall wie Stöcken, Steinen, alten Flaschen, alten Schuhen und dergleichen ist, ist er sehr gefragt.

KAPITEL XXI.

In Höhlen und unterirdischen Gängen unter der Stadt Paris und ihrer Umgebung werden jedes Jahr Tausende Tonnen Pilze künstlich gezüchtet. Diese unterirdischen Höhlen und Tunnel sind verlassene Steinbrüche, aus denen weiße Bausteine und Gips abgebaut wurden. Da die Gesteinsadern 12 bis 38 Meter tief in die Eingeweide der Erde ragten, wurden sie abgebaut und die Blöcke durch vertikale Schächte an die Oberfläche gebracht. Diese Tunnel, deren Höhe und Breite je nach den Gesteinsadern variierten, werden heute zum Pilzanbau genutzt. M. Lachaume berichtet in seinem Buch *Der Höhlenpilz* : „Im Seine-Département gibt es 3000 Steinbrüche. Die stillgelegten, in der Nähe von Paris in Montrouge, Bagneux, Vaugirard, Méry, Châtillon, Vitry, Honilles und St. Denis gelegenen Steinbrüche werden von den 250 Pilzzüchtern des Départements genutzt. Mehrere dieser Steinbrüche haben horizontale Stollen, die vom Straßenniveau aus in den Kalkstein gegraben wurden. Sie sind meist groß genug, um einen großen Karren aufzunehmen. Die meisten sind jedoch, wie viele Kohlengruben, nur über vertikale Schächte von 30 bis 38 Metern Tiefe zugänglich, durch die alles hindurch muss. Die Arbeiter klettern eine Leiter hinauf und hinunter, und der frische Mist wird von oben in den Schacht geschaufelt, während der Abfall und die Pilze in Körben von unten mit einer Winde heraufgezogen werden.“

Der verwendete Dünger wird aus den Pariser Ställen bezogen und von Vertragspartnern geliefert, mit denen die Pilzzüchter besondere Vereinbarungen treffen, da sie sehr genau auf die Art und Qualität des von ihnen verwendeten Düngers achten. Einige dieser Züchter verwenden jährlich bis zu 2000 bis 3500 Tonnen Dünger für ihre Pilzbeete. Zu den Höhlen in der unmittelbaren Umgebung von Paris wird der Dünger mit Karren abtransportiert, aber nach Méry und an andere Orte, die zu weit entfernt sind, um bequem mit Karren erreicht zu werden, wird er mit der Bahn transportiert. Die Pilzzüchter sind der Ansicht, dass der Dünger von Tieren, die hart arbeiten und reichlich mit trockenem, gutem Futter gefüttert werden, der beste ist; der Kot dieser Tiere ist immer trocken und reich an Ammoniak, Stickstoff und Phosphaten. Der Dünger von ganzen Pferden, die hart arbeiten, gilt ihnen als der beste, und als nächster kommt der von Maultieren. Der Dünger von Pferden, die zum Vergnügen gehalten werden, wie Kutschen- und Reitpferde, gilt trotz der hohen Fütterung dieser Tiere als minderwertig, und der Dünger von Pferden, die mit Gras oder Wurzeln gefüttert werden, sowie der von Kühen, gilt als wertlos. Es wird besonders darauf geachtet, dass der Mist viel mit Urin getränktes Stroh enthält. Dies ist ein weiterer Grund, warum der Mist von Zugpferden dem von Tieren vorgezogen wird, die zum Vergnügen gehalten werden, da die Einstreu der Zugpferde nicht so sauber gehalten wird wie die in den Ställen der Adeligen.

Die Vorbereitung des Düngers erfolgt in der Nähe der Höhlen- oder Schachtmündungen auf ebenem, trockenem Boden und vollständig im Freien. Sobald genügend Dünger für einen Haufen vorhanden ist, wird er mit der Gabel umgegraben, gründlich aufgeschüttelt und vermischt, von allen Fremdstoffen wie Stöcken, Steinen, Flaschen, Alteisen, alten Schuhen und dergleichen, die wir in Stallmist finden, befreit und trockenes Stroh mit Wasser angefeuchtet. Dann wird er zu einem 40 Zoll hohen Haufen quadratisch geformt und auf eine Höhe von 30 Zoll festgetrampelt. In diesem Zustand bleibt er etwa sechs Tage stehen, dann wird er umgedreht, locker aufgeschüttelt, die Außenseite nach innen gekehrt und alle trockenen Teile bewässert; die gleiche flache quadratische Form bleibt erhalten und er wird wieder festgetrampelt. Nach weiteren etwa sechs Tagen wird er erneut umgedreht, aufgeschüttelt, bewässert, quadratisch geformt und wie zuvor festgetrampelt. Etwa drei Tage später sollte der Mist gebrauchsfertig sein und kann umgewendet, locker geschüttelt und durch den Schacht in die Höhle gekippt und zu der Stelle gebracht werden, wo die Beete angelegt werden sollen. Natürlich müssen diese Vorgänge je nach den Umständen und dem Zustand des Mists angepasst werden.

Beim Anlegen der Beete wird zunächst der Boden abgesteckt. Das erste Bett ist neben der Wand angebracht und nach vorne abgerundet; Die anderen Schichten verlaufen parallel dazu und können gerade, krumm oder wellig sein, wie das Innere der Höhle vermuten lässt. Die Beete sind alle gratförmig, an der Basis 18 bis 20 Zoll breit, in der Mitte 18 bis 20 Zoll hoch, oben sechs Zoll breit und an den Seiten abfallend. Zwölf Zoll breite Wege verlaufen zwischen den Beeten. Die Arbeiter bauen die Betten im Akkord und erhalten für jeden laufenden Fuß einen halben Cent. Ein guter Arbeiter kann 240 Fuß pro Tag schaffen (*Lachaume*). Die Betten sind sauber und stabil gebaut und in Größe und Proportionen sehr schön gestaltet. Aber die Arbeiter benutzen beim Bau der Betten weder eine Gabel noch irgendein anderes Werkzeug; Sie heben, schütteln, verteilen und bauen den Mist mit ihren bloßen Händen auf und verdichten ihn mit ihren Knien fest.

Der Pilzbrut wird aus den Arbeitsbeeten gewonnen und ist das, was die Pilzzüchter dort als „jungfräulichen" Pilzbrut bezeichnen, obwohl er überhaupt nicht das ist, was wir unter diesem Begriff kennen. Da das ganze Jahr über eine Reihe von Beeten instand gehalten werden, ist es für die Züchter eine einfache Sache, jederzeit an ihren Pilzbrut zu gelangen. Der beste Zeitpunkt, um den Pilzbrut zu erhalten, ist, wenn die jungen Pilze zum ersten Mal erscheinen. Ein Beet oder ein Teil eines Beets in einwandfreiem Zustand wird ausgewählt und aufgebrochen, und die gründlich mit dem aktiven Myzel verfilzten Mistkuchen werden zum Laichen der frischen Beete ausgewählt. Es wird behauptet, dass aus diesem aktiven Pilzbrut in zwanzig Tagen weniger Zeit Pilzkulturen entstehen, als wenn Trockenmyzel verwendet würde.

Es wird der französische Laich verwendet. Irgendwann zwischen dem siebten und vierzehnten Tag nach der Herstellung des Bettes ist er in Laichbereitschaft. Brechen Sie den Laich in Stücke von zwei bis drei Zoll Länge, zwei Zoll Breite und dreiviertel Zoll Dicke und legen Sie diese Stücke in zwei Reihen entlang der Seiten der Dämme ein; die erste Reihe acht Zoll über dem Boden, die zweite Reihe acht Zoll über der ersten und die Stücke in Quincunx-Anordnung acht Zoll Abstand in der Reihe. Der Dünger wird fest auf den Laich gepresst, die Oberfläche bleibt glatt und eben und wird bis zum Anhäufeln nicht weiter aufgewühlt.

Bei Verwendung von Trockenmyzel wird viel Wert darauf gelegt, den Myzel vor der Verwendung zu schichten. Etwa acht Tage vor der Anzucht eines Beets wird der Trockenmyzel in einer Reihe auf dem Boden der Höhle oder des Kellers ausgebreitet, damit er Feuchtigkeit aufnehmen und das Myzel zu fließen beginnen kann. Zur Laichzeit werden diese Kuchen oder Flocken aufgebrochen und wie üblich verwendet, und zwar angeblich mit einer Woche Unterschied zugunsten des frühen Erscheinens der Pilze. Es sollte jedoch nicht mehr Myzel geschichtet werden, als für die sofortige Verwendung erforderlich ist, da es ein erneutes Trocknen und Befeuchten nicht verträgt.

Die Späne und das Pulver des Steins, der aus dem Steinbruch entnommen wurde und reichlich auf dem Boden des Steinbruchs oder auf der Erdoberfläche rund um den Schacht vorhanden ist, werden gesiebt, und der feinere Teil wird aufgehoben und vermischt Erde im Verhältnis von drei Teilen Steinstaub zu einem Teil Erde, und damit werden die Beete übergossen. Das Steinmehl ist stark mit Salzen imprägniert, was für die Pilze von Vorteil ist.

Sieben bis neun Tage nach dem Laichen sind die Beete bereit zum Anhäufeln. Dies hängt vom Zustand des Laichs und davon ab, wie gut er im Mist gelaufen ist. Vor dem Anhäufeln sollte die Außenfläche der Beete mit weißen, in alle Richtungen ausstrahlenden Fäden bedeckt sein, die den Beeten ein bläuliches Aussehen verleihen. Wenn das Beet in einem geeigneten Zustand zum Anhäufeln ist, wird der Boden gleichmäßig und fest auf die Oberfläche gelegt, etwa drei Viertel Zoll tief. Er wird dann gründlich mit einer fein geriffelten Gießkanne bewässert und bis zum nächsten Tag ruhen gelassen, dann wird er mit der Rückseite einer Holzschaufel festgeklopft. Das Beet braucht jetzt keine weitere Pflege, bis die jungen Pilze erscheinen, außer gelegentlichem, leichten Gießen, falls es trocken wird.

ABB. 28. IN DEN PILZHÖHLEN VON PARIS.

In geräumigen Höhlen mit hohen Dächern beträgt die Durchschnittstemperatur etwa 52° F, während sie in engen Höhlen mit niedrigem Dach etwa 68° F beträgt. Dies macht natürlich einen großen Unterschied in der Entstehungszeit und Dauer der in den verschiedenen Höhlen angelegten Schichten; Diejenigen, die sich in den warmen Höhlen aufhalten, kommen früher in Schwung und hören schneller wieder auf, als diejenigen, die sich in den Höhlen mit hohen Dächern aufhalten. Im Durchschnitt erscheinen die ersten Pilze etwa vierzig Tage nach dem Laichen der Beete, und die Beete tragen noch vierzig bis sechzig Tage lang, aber gegen Ende dieser Zeit nimmt der Ertrag sehr schnell ab.

Sie werden einmal am Tag, normalerweise gegen Mitternacht, gesammelt, damit sie früh am Morgen den Pariser Markt erreichen können. Die Größe der Pilze reicht von drei Viertel bis eineinhalb bis fünf Achtel Zoll Durchmesser an der Spitze und sie haben eine reinweiße Farbe. Die Arbeiter sammeln die Pilze immer, indem sie sie an den Wurzeln ausreißen, und niemals, indem sie sie schneiden; die Sammler haben zwei Körbe, die sie rucksackartig auf dem Rücken tragen; Einer dient dazu, die gepflückten Pilze aufzunehmen, der andere enthält Form, mit der man die kleinen Löcher füllen kann, die durch das Herausziehen der Pilze aus dem Beet entstanden sind. In manchen Höhlen sammelt ein Mann die Pilze und lässt sie in kleinen Häufchen auf dem Bett liegen, während er weitergeht, eine Frau folgt ihm und legt sie in einen Korb, und ein Mann folgt ihr und füllt die Löcher mit Erde. Bevor die Pilze aus den Höhlen nach oben gebracht werden, werden sie mit einem Tuch abgedeckt, um den Kontakt mit der Außenluft zu vermeiden, die dazu führen kann, dass sie braun werden. Dann werden sie in Körbe gelegt, die 23 bis 25 Pfund enthalten, und auf den Markt geschickt, wo sie bei ihrer Ankunft versteigert werden. Oder sie werden an Gemüsekonservenhersteller geschickt, die sie zu einem Gesamtpreis in Auftrag geben.

ABB. 29. SAMMELN VON PILZEN IN DEN PARISER HÖHLEN FÜR DEN MARKT.

Eine gute Belüftung ist von großer Bedeutung, nicht nur für die Arbeiter, sondern auch für die Pilze, die in einer unreinen Atmosphäre nicht gedeihen. Die Belüftung erfolgt durch schmale Schächte, die von hohen Holzkaminen überragt werden, deren obere Enden schräg abgeschnitten sind, sodass die abgeschrägte Seite nach Norden zeigt. Um plötzliche Temperaturschwankungen und starke Zugluft zu vermeiden, werden Feuer, Falltüren und andere Mittel eingesetzt, die zur Belüftung von Kohlengruben eingesetzt werden. Um auch starke Zugluft in den Gängen zu verhindern, werden hohe, strohgedeckte Hürden aufgestellt. In engen Höhlen würden der Atem der Arbeiter, die durch Gärung freigesetzten Gase und die Verbrennungsprodukte der Lampen die Atmosphäre bald so verunreinigen, dass die Höhlen unbewohnbar würden, wenn sie nicht richtig belüftet würden. Tatsächlich kommt es häufig vor, dass Höhlen, in denen mehrere Jahre lang ununterbrochen Pilze gezüchtet wurden, für ein oder zwei Jahre aufgegeben werden müssen, weil die Ernte dort nicht mehr gedeiht. Nachdem sie jedoch gründlich von allen Beeten und der Oberflächenerde befreit wurden, die wahrscheinlich vom Dünger berührt oder beeinträchtigt worden wären, und sie ein oder zwei Jahre lang belüftet und ruhen gelassen wurden, können darin wieder erfolgreich Pilze gezüchtet werden.

KAPITEL XXII.

PILZE KOCHEN.

Frische Pilze, gut gekocht und gut serviert, gehören zu den köstlichsten Gemüsesorten. Wenn wir unsere eigenen Pilze anbauen, können wir sie in ihrer schönsten Form sammeln, sie nach Belieben zubereiten und sie in ihrem köstlichsten Zustand genießen. Wenn wir auf die Felder angewiesen sind, sollten wir darauf achten, nur junge, pralle und frische Pilze zu sammeln und alle alten oder verfärbten Pilze oder solche, die Anzeichen von Krankheiten oder Insekten aufweisen, abzulehnen. Und was die Pilze aus dem Laden betrifft, also die, die wir im Obst- oder anderen Lebensmittelgeschäft bekommen, sollten wir sie vor dem Verzehr genau untersuchen, um sicherzustellen, dass sie absolut frei von „Flocken", „Schwarzflecken", „Maden" oder anderen Krankheiten sind, und alle Pilze aussortieren, die Krankheitssymptome aufweisen.

Die kleinen, kurzstieligen, weißhäutigen Pilze, die zum Verkauf angeboten werden, sind von der Sorte, die als französische Pilze bekannt ist, und werden aufgrund ihres weißen Aussehens von vielen bevorzugt; die Sorte mit längerem Stiel, breiterem Kopf und dunklerer Farbe, die wir ebenfalls zum Verkauf anbieten, ist die sogenannte englische Pilzsorte. Die französischen Pilze sehen am attraktivsten aus und werden auf dem Markt bevorzugt, aber die englische Sorte hat das beste Aroma und wird im Allgemeinen am liebsten zu Hause gegessen.

Sobald der Kragen um den Hals aufbricht, ist der Pilz zum Sammeln bereit. Längeres Lagern kann ihn etwas größer machen, wird aber sicherlich seine Zartheit mindern. Die Lamellen der Pilze behalten ihre rosa Tönung noch einen Tag, nachdem der Kragen aufgebrochen ist, werden aber bald brauner und schwärzer, bis sie nach ein paar Tagen nicht mehr zum Essen geeignet sind. Beim Sammeln sollten die Pilze gezupft und niemals geschnitten werden, und so aufbewahrt werden, bis sie zum Kochen bereit sind. Wenn der Stiel ungeschnitten bleibt, behält der Pilz seine Frische und Fülle viel länger, als wenn die Stiele entfernt würden. Bewahren Sie sie an einem kühlen, dunklen Ort und in einem Tongefäß mit einem Deckel oder einem dicken, feuchten Tuch darüber auf. Dadurch bleibt ihre Fülle erhalten. Wenn der Kragen beim Sammeln der Pilze weit auseinandergebrochen wird, neigen die Hüte dazu, sich nach ein oder zwei Tagen flach zu öffnen, und die Lamellen werden dunkler und verbreiten ihre Sporen, als ob die Pilze noch nicht vom Boden getrennt wären.

Untersuchen Sie die Pilze sorgfältig, bevor Sie sie kochen. Wenn die Kiemen schwarz und die Pilze zu alt sind, verwenden Sie sie nicht. Wenn der Hut von Insekten durchlöchert ist, werfen Sie ihn weg, da sich höchstwahrscheinlich

Maden darin befinden. Oder werfen Sie die Pilze weg, wenn sich auf der Oberseite der Kappe dunkelbraune Flecken („schwarzer Fleck") befinden. Alte Pilze sind zäh, sehen schlecht aus, schmecken schlecht und sind unverdaulich. Von Insekten befallene Pilze sind zwar nicht giftig, aber sehr abstoßend und sollten nicht verwendet werden. Aber der gefährliche Pilz ist derjenige, der von „Flock" befallen ist.

Pilze sollten frei von Splitt gesammelt werden; Wenn sie überhaupt grobkörnig sind, müssen sie gewaschen werden, was sie verdirbt. Alle großen Pilze sollten vor dem Kochen geschält werden; Die Haut des Hutes löst sich frei vom Fruchtfleisch, die Haut des Stiels muss jedoch abgerieben oder abgekratzt werden. Die Kiemen sollten nicht entfernt werden, da sie das empfindlichste Fleisch des Pilzes sind. Wenn die Pilze jedoch alt sind und für die Suppe bestimmt sind, sollten die Kiemen herausgeschabt werden, um ihren dunklen Einfluss auf die Suppe zu beseitigen. Bei kleinen Champignons, die sich nicht ohne weiteres häuten lassen, sollte man sie mit einem weichen, in Essig getränkten Tuch abreiben, um den äußeren Teil der Schale zu entfernen. Während die Stiele mit den Knöpfen zurückgehalten werden können, sollten sie von ausgewachsenen Pilzen immer entfernt werden.

Pilze sollten immer heiß serviert und sofort nach dem Kochen gegessen werden. Gebackene Pilze und andere, die auf ähnliche Weise zubereitet werden, sollten im Ofen mit einem umgedrehten Teller, Suppenteller, einer Schüssel oder Ähnlichem abgedeckt und wenn möglich so und ohne Deckel auf den Tisch gebracht werden. Stellen Sie die Dose auf eine Unterlage oder einen kalten Teller auf den Tisch, nehmen Sie den Deckel ab und servieren Sie sie auf heißen Tellern. Auf diese Weise bleibt das köstliche Aroma erhalten.

Gebackene Pilze. —Die Pilze schälen und entstielen, die Kiemen einreiben und mit etwas Salz bestreuen, die Pilze mit den Kiemen nach oben auf eine flache Backform legen und auf jeden Pilz ein kleines Stück Butter geben. Stellen Sie eine umgedrehte Untertasse oder einen tiefen Teller darüber in die Form und stellen Sie sie für etwa zwanzig Minuten in den heißen Ofen. Nehmen Sie sie dann heraus und servieren Sie sie auf einem heißen Teller, ohne den Saft zu verschütten, der sich in der Mitte jedes Pilzes angesammelt hat. An den Tisch bringen und sofort essen. Dies ist die übliche Art, Pilze zuzubereiten, und dadurch wird das wahre Aroma und der Geschmack der Pilze in ihrer Vollkommenheit gewährleistet.

Geschmorte Champignons. — Schälen und entstielen Sie die Pilze. Nehmen Sie einen emaillierten Kochtopf, geben Sie ein Stück Butter hinein und lassen Sie sie schmelzen. Geben Sie dann die Pilze hinein und würzen Sie mit Salz und Pfeffer und einem kleinen Stück zerstoßener Muskatblüte (wenn Sie diese mögen). Decken Sie den Kochtopf dann fest ab und lassen Sie die Pilze sanft schmoren, bis sie weich sind, was etwa eine halbe Stunde dauert. Halten Sie Toast bereit, entweder trocken oder in Butter gebraten, je nach Wunsch. Breiten Sie ihn auf einem heißen Teller aus, legen Sie die Pilze mit den Lamellen nach oben auf den Toast, gießen Sie den Saft darüber und servieren Sie ihn heiß. Champignons werden normalerweise zum Schmoren ausgewählt, aber obwohl sie schöner und weißer sind, haben sie nicht so ein feines Aroma wie die ausgewachsenen Champignons.

Eine andere Möglichkeit, gedünstete Pilze zuzubereiten, besteht darin, sie zu entstielen und zu schälen. Tauchen Sie sie in zitronensafthaltiges Wasser (um zu verhindern, dass sie beim Kochen eine dunkle Farbe annehmen oder dem Eintopf eine dunkle Farbe verleihen) und lassen Sie sie trocken abtropfen. Geben Sie sie mit einem großen Stück Butter und etwas schöner Soße in einen Schmortopf und lassen Sie sie etwa zehn Minuten schmoren. Nehmen Sie etwas Brühe oder Sahne, schlagen Sie etwas Mehl glatt und fügen Sie etwas Zitronensaft und geriebene Muskatnuss hinzu. Geben Sie dies zu den Pilzen und lassen Sie es etwa zehn Minuten lang kräftig kochen, bis es weich ist.

Soyers Frühstückspilze. — Legen Sie frisch geröstete Toastscheiben auf einen Teller und legen Sie die geschälten und entstielten Pilze mit den Lamellen nach oben darauf. Geben Sie etwas Pfeffer und Salz hinzu und geben Sie ein kleines Stück Butter in die Mitte jedes Pilzes. Gießen Sie einen Teelöffel Sahne über jeden Pilz und geben Sie für die ganze Schale eine Gewürznelke hinzu. Stellen Sie eine umgedrehte Schüssel darüber. Backen Sie alles zwanzig bis fünfundzwanzig Minuten lang und nehmen Sie die Schüssel erst heraus, wenn die Schale auf den Tisch gebracht wird, damit das angenehme Aroma erhalten bleibt. Ein köstliches Gericht.

Pilze à la Crême. — Die Pilze schälen und entstielen, ein Stück Butter in Mehl wälzen und in den Kochtopf geben, dann die Pilze und etwas Salz, weißen Pfeffer, etwas Zucker und fein gehackte Petersilie hinzufügen. Zehn Minuten dünsten. Nehmen Sie die Eigelbe von zwei Eiern, die mit zwei großen Löffeln Sahne verquirlt wurden, und geben Sie die Mischung nach und nach zum Eintopf; noch ein paar Minuten weiterkochen und heiß servieren. Dies ist ein köstliches Gericht, aber der feine Pilzgeschmack ist darin nicht so ausgeprägt wie im einfachen Auflauf oder Eintopf.

Curry-Pilze. — Ein Pfund Pilze schälen und entstielen, mit Salz bestreuen, ein wenig Butter hinzufügen und 15 bis 20 Minuten in einer guten Brühe oder Soße leicht dünsten. Dann vier Esslöffel Sahne und einen Teelöffel gutes Currypulver hinzufügen, das zuvor gut mit zwei Teelöffeln Weizenmehl vermischt wurde. Sorgfältig vermischen und weitere fünf bis zehn Minuten kochen lassen und auf heißen Toasts auf heißen Tellern servieren. Ein hervorragendes Gericht, das Curry-Liebhabern sehr schmeckt.

Gegrillte Pilze. —Wählen Sie große, offene, frische Pilze aus, entstielen Sie sie und schälen Sie sie. Legen Sie sie mit der Stielseite nach unten auf den Rost, über ein helles, aber nicht sehr heißes Feuer, und kochen Sie sie drei Minuten lang. Dann wenden und jeweils ein kleines Stück Butter in die Mitte geben und etwa zehn Minuten länger grillen. Legen Sie sie mit den Kiemen nach oben auf heiße Teller und geben Sie auf jeden Pilz ein weiteres kleines Stück Butter, zusammen mit etwas Pfeffer und Salz, würzen Sie es mit Zitronensaft oder Chiliessig und geben Sie es für ein oder zwei Minuten in den Ofen. Schicken Sie sie dann an den Tisch.

Pilz Suppe. —Nehmen Sie eine Menge frischer junger Pilze, schälen Sie sie und entfernen Sie den Stiel. Mit etwas Butter, Pfeffer und Salz sowie etwas guter Brühe schmoren, bis sie weich sind. Nehmen Sie sie heraus und schneiden Sie sie ganz klein. Bereiten Sie eine gute Brühe zu, wie für jede andere Suppe auch, und geben Sie sie zu den Pilzen und dem darin gedünsteten Schnaps. Kochen Sie alles zusammen und servieren Sie es. Wenn Sie eine weiße Suppe benötigen, verwenden Sie weiße Champignons und eine gute Kalbsbrühe und fügen Sie je nach Farbe einen Löffel Sahne oder etwas Milch hinzu. Das ist eine schöne Suppe und schmeckt gut. Wenn die Pilze sehr jung sind, haben sie nur wenig Geschmack; Wenn sie ausgewachsen sind, verdunkeln sie die Suppe, und wenn sie bei der Verwendung an den Kiemen braun werden, wird die Suppe unangenehm dunkel. Wenn Sie die Pilze nach der Zubereitung, aber vor dem Kochen, mit kochendem Wasser übergießen und etwas Essig oder Zitronensaft hineintropfen lassen und sie anschließend durch ein Sieb abtropfen lassen, können Sie deren dunkler werdenden Einfluss weitgehend verhindern die Suppe, aber immer auf Kosten ihres Geschmacks.

Pilzstängel. —Die Stängel junger, frischer Pilze sind hervorragend zum Verzehr geeignet, die Stängel alter oder abgestandener Pilze sind jedoch nicht zum Essen geeignet. Bei prallen, frischen, ausgewachsenen Pilzen wird der obere Teil des Stiels, also der Teil zwischen der Rüsche und dem Sockel im Hut, verwendet, der Teil unterhalb der Rüsche, also der root"-Ende wird verworfen. Jeder Teil des Stiels, der verfärbt, zäh oder holzig ist, sollte verworfen werden und nur der Teil verwendet werden, der saftig und spröde ist und zu jedem Zeitpunkt eine saubere weiße Farbe hat. Bei Champignons bleiben beim Kochen fast immer die Stängel erhalten, und die oberen oder saftigen Teile der Stängel praller, frischer, ausgewachsener Pilze werden oft zusammen mit den Kappen gekocht, beim Kochen ausgewachsener Champignons jedoch Ziehen Sie in jedem Fall vor, den Stiel der Pilze vollständig zu entfernen und beides getrennt zu kochen. Die Stiele sind nicht so zart oder aromatisch wie die Kappen, eignen sich aber hervorragend für

Ketchup, zum Würzen oder als Soße zum Essen mit gekochtem Geflügel. Beim Kochen sollten die Stiele durch Schaben geschält werden, da sie nicht wie die Hüte gehäutet werden können.

Topfpilze. – Wählen Sie schöne Champignons oder ungeöffnete Champignons aus, geben Sie zu einem Liter davon drei Unzen frische Butter hinzu und schmoren Sie sie vorsichtig in einem emaillierten Topf und schütteln Sie sie häufig, um ein Anbrennen zu vermeiden. Nach ein paar Minuten ein wenig fein gemahlenes Salz, ein wenig Gewürz und ein paar Körner Cayennepfeffer darüberstreuen und schmoren, bis es weich ist. Nach dem Garen in ein in einer Schüssel stehendes Sieb geben und dort abkühlen lassen. Drücken Sie sie dann in kleine Eintopfgläser, füllen Sie die Gläser mit warmer geklärter Butter und decken Sie sie mit zusammengebundenem Papier ab und bestreichen Sie sie mit geschmolzenem Talg, um die Luft fernzuhalten. An einem kühlen, trockenen Ort aufbewahren. Die Soße sollte zum Würzen anderer Soßen, Soßen usw. aufbewahrt werden.

Gilberts Frühstückspilze. – Nehmen Sie halb ausgewachsene Pilze, schälen Sie sie und legen Sie sie mit der Kiemenseite nach oben auf einen Teller. Geben Sie jeweils ein kleines Stück Butter darauf, aber nur eine Schicht dick. Pfeffer und Salz nach Geschmack; zwei Esslöffel Ketchup und einen Esslöffel Wasser hinzufügen; Drücken Sie einen Streifen Paste um den Rand des Tellers und drücken Sie einen weiteren Teller derselben Größe fest in die Paste. Geben Sie das Ganze für 25 Minuten in einen heißen Ofen. Der obere Teller sollte bis zum Servieren darauf bleiben.

Gebackene Pilze. —(Ein Frühstücks-, Mittag- oder Abendessengericht.) Zutaten: Sechzehn oder zwanzig Pilzlappen, Butter, Pfeffer nach Geschmack. Modus. Für diese Garart eignen sich die Pilzklappen besser als die Knöpfe und sollten nicht zu groß sein. Schneiden Sie einen Teil des Stiels ab, schälen Sie die Oberseite und reiben Sie die Pilze vorsichtig mit einem Stück Waschlappen und etwas feinem Salz ab. Legen Sie sie in eine Backform und legen Sie auf jeden Pilz ein kleines Stück Butter. Streuen Sie etwas Pfeffer darüber und lassen Sie die Pilze etwa zwanzig Minuten backen, bei sehr großen Pilzen auch länger. Bereiten Sie ein sehr heißes Gericht vor, stapeln Sie die Pilze hoch in der Mitte, gießen Sie die Soße darüber und servieren Sie sie schnell auf sehr heißen Tellern.

Gegrillte Pilze. —(Ein Frühstücks-, Mittag- oder Abendessen.) Zutaten: Pilze, Pfeffer und Salz nach Geschmack, Butter, Zitronensaft. Modus. Reinigen Sie die Pilze, indem Sie sie mit einem Stück Flanell und etwas Salz abwischen; Schneiden Sie einen Teil des Stiels ab und schälen Sie die Spitzen. Grillen Sie sie über einem klaren Feuer, wenden Sie sie dabei einmal und legen Sie sie auf einen sehr heißen Teller. Auf jeden Pilz ein kleines Stück Butter geben, mit Pfeffer und Salz würzen und ein paar Tropfen Zitronensaft darüberpressen. Stellen Sie die Schüssel vor das Feuer und servieren Sie sie sehr heiß und schnell, wenn die Butter geschmolzen ist. Mittelgroße Klappen sind für diese Garart besser geeignet als die Tasten; Letztere eignen sich besser für Eintöpfe.

Pilze à la Casse, Tout. — Zutaten: Pilze, Toast, zwei Unzen Butter, Pfeffer und Salz. Zubereitungsart. Schneiden Sie eine Brotscheibe einen halben Zoll dick und toasten Sie sie gut; bestreichen Sie beide Seiten mit Butter und legen Sie sie in ein sauberes Backblech oder eine saubere Backform; säubern Sie die Pilze wie im vorhergehenden Rezept und legen Sie sie mit dem Kopf nach unten auf den Toast, pfeffern und salzen Sie sie leicht und legen Sie ein Stück Butter in der Größe einer Nuss auf jeden Pilz; bedecken Sie sie mit einem Fingerglas und lassen Sie sie zehn oder zwölf Minuten in der Nähe des Feuers kochen. Schieben Sie den Toast in eine heiße Schüssel, aber entfernen Sie die Glasabdeckung nicht, bis sie auf dem Tisch stehen. Das ganze Aroma und der Geschmack der Pilze bleiben durch diese Methode erhalten. Der Name dieses ausgezeichneten Rezepts muss die sorgfältige Haushälterin nicht davon abhalten, es auszuprobieren. Bei mäßiger Sorgfalt wird die Glasabdeckung nicht reißen. Im Winter sollte sie vor der Verwendung in warmem Wasser abgespült werden.

Geschmorte Pilze. -Zutaten. Ein halber Liter Champignons, drei Unzen frische Butter, weißer Pfeffer und Salz nach Geschmack, Zitronensaft, ein Teelöffel Mehl, Sahne oder Milch, ein Viertel Teelöffel geriebene Muskatnuss. Modus. Schneiden Sie die Enden der Stiele ab und schälen Sie einen halben Liter Pilzknöpfe sauber ab. Anschließend in eine Schüssel mit Wasser und etwas Zitronensaft geben. Wenn alles fertig ist, nehmen Sie es mit den Händen aus dem Wasser, um Sedimente zu vermeiden, und geben Sie es mit frischer Butter, weißem Pfeffer, Salz und dem Saft einer halben Zitrone in einen Schmortopf. Decken Sie die Pfanne gut ab und lassen Sie die Pilze 20 bis 25 Minuten lang leicht schmoren. Dann die Butter mit dem oben genannten Mehlanteil andicken, nach und nach so viel Sahne oder Sahne und Milch hinzufügen, bis die Soße die richtige Konsistenz hat, und hinzufügen in der geriebenen Muskatnuss. Wenn die Pilze nicht ganz zart sind, schmoren Sie sie fünf Minuten länger, entfernen Sie alle Butterpartikel, die möglicherweise oben schwimmen, und servieren Sie sie.

Gegrilltes Beefsteak und Pilze. — Zutaten: Zwei oder drei Dutzend kleine Champignons, eine Unze Butter, Salz und Cayennepfeffer nach Geschmack, ein Esslöffel Pilzketchup. Zubereitung: Die Pilze mit einem Stück Waschlappen von Sand befreien und salzen; mit Butter, Gewürzen und Ketchup in einen Schmortopf geben; über dem Feuer rühren, bis die Pilze ganz gar sind. Das Steak schön grillen und darübergießen. Das Obige passt sehr gut zu gebratenem oder geschmortem Steak.

Pilze konservieren. —Zutaten: Zu jedem Liter Pilze drei Unzen Butter, Pfeffer und Salz zum Abschmecken geben, den Saft einer Zitrone und geklärte Butter. Modus. Die Pilze schälen, in kaltes Wasser mit etwas Zitronensaft geben; Nehmen Sie sie heraus und trocknen Sie sie sehr sorgfältig in einem Tuch. Geben Sie die Butter in einen Schmortopf, der Platz für die Pilze bietet. Wenn es geschmolzen ist, fügen Sie die Pilze, den Zitronensaft und eine Würze aus Pfeffer und Salz hinzu; Ziehen Sie sie über ein langsames Feuer und lassen Sie sie stehen, bis ihre Flüssigkeit verkocht ist und sie ganz trocken geworden sind. Achten Sie jedoch darauf, dass sie nicht am Boden der Schmorpfanne kleben bleiben. Wenn alles fertig ist, geben Sie es in Töpfe und gießen Sie geklärte Butter darüber. Wenn sie zum sofortigen Gebrauch benötigt werden, sind sie einige Tage haltbar, ohne dass sie abgedeckt werden müssen. Zum Aufwärmen die Pilze in einen Schmortopf geben, die Butter abseihen und schon sind sie gebrauchsfertig.

Pilzpulver. — (Eine wertvolle Ergänzung zu Saucen und Bratensoßen, wenn keine frischen Pilze erhältlich sind.) Zutaten: Ein halbes Peck große Pilze, zwei Zwiebeln, zwölf Gewürznelken, ein Viertel Unze zerstoßene Muskatblüte, zwei Teelöffel weißer Pfeffer. Zubereitung: Die Pilze schälen, gründlich von Sand und Schmutz befreien, das schwarze Fell entfernen und alle wurmstichigen Pilze aussortieren; mit den oben genannten Zutaten, aber ohne Wasser, in einen Schmortopf geben; über einem klaren Feuer schütteln, bis die Flüssigkeit vollständig vertrocknet ist, und darauf achten, dass sie nicht anbrennen; in Dosen anrichten und in einem langsamen Ofen trocknen; zu einem feinen Pulver zerstoßen und in kleine trockene Flaschen füllen; gut verkorken, die Korken versiegeln und an einem trockenen Ort aufbewahren. Wenn Sie dieses Pulver verwenden, geben Sie es der Bratensoße kurz vor dem Servieren hinzu, wenn sie einmal aufgekocht werden muss. Der Geschmack, der der Bratensoße auf diese Weise verliehen wird, sollte außerordentlich gut sein. Dies sollte im September oder Anfang Oktober geschehen, und wenn die Pilzpulverflasche, in der es aufbewahrt wird, nicht vollkommen trocken ist, verdirbt es schnell.

Pilzpulver. —Dies dient als Gewürz. Die besten ausgewachsenen Pilze – die den besten Geschmack haben – sollten ausgewählt und zum Trocknen vorbereitet und getrocknet werden, wie unter der Überschrift „Getrocknete Pilze" beschrieben, mit der Ausnahme, dass es besser ist, sie in einem Ofen oder einer Dörrmaschine zu trocknen sie können schnell trocknen und spröde werden. Reiben Sie sie oder zerkleinern Sie sie auf andere Weise zu einem feinen Pulver und bewahren Sie dieses in fest verschlossenen Flaschen auf.

Zum Trocknen von Pilzen. —Wischen Sie sie sauber, entfernen Sie den braunen Teil und ziehen Sie die Haut ab; Legen Sie sie zum Trocknen auf Papierbögen in einen kühlen Ofen, wo sie stark schrumpfen. Bewahren Sie

sie in Papiertüten auf, die Sie an einem trockenen Ort aufhängen. Wenn Sie sie verwenden möchten, geben Sie sie in kalte Soße und lassen Sie sie nach und nach köcheln. Sie werden feststellen, dass sie fast wieder ihre normale Größe erreichen.

Getrocknete Pilze. - Sammeln Sie in der Flut der Weidepilzsaison eine große Anzahl Pilze aller Größen und achten Sie darauf, dass sie gründlich sauber sind. Entfernen und entsorgen Sie die Stiele und schälen Sie die Kappen. Rühren Sie sie einige Minuten lang in kochendem Wasser um und geben Sie etwas Zitronensaft oder Essig hinzu, damit sie keine dunkle Farbe annehmen. Manche Menschen verwenden einfaches kaltes Wasser oder kaltes Wasser mit Zitronensaft oder Essig. Verwenden Sie beim Vorbereiten der Pilze zum Trocknen jedoch niemals Salz, da die gesalzenen Pilze sonst Feuchtigkeit aus der Atmosphäre aufnehmen und verderben. Nehmen Sie die Pilze aus dem Wasser, lassen Sie sie auf einem Sieb abtropfen, fädeln Sie sie dann auf und hängen Sie sie zum Trocknen und Würzen in einem offenen, luftigen Schuppen auf, so wie man Schnüre zum Trocknen von Obst aufhängen würde. Sie können auch in einem Trockner oder Ofen getrocknet werden, wie man es mit Äpfeln oder Pfirsichen tun würde. Sie werden als Ersatz für frische Pilze verwendet, wenn diese nicht erhältlich sind. Um getrocknete Pilze für den Verzehr vorzubereiten, legen Sie sie in lauwarmes Wasser oder Milch, bis sie ganz weich und prall sind, lassen Sie sie dann abtropfen und kochen Sie sie auf die gleiche Weise wie frische Pilze. Obwohl sie ein guter Ersatz für frische Produkte sind, mangelt es ihnen an Geschmack.

Pilzketchup. – Geben Sie zu jedem Viertelstück Pilze ein halbes Pfund Salz, zu jedem Liter Pilzlikör eine halbe Unze Piment, eine halbe Unze Ingwer, zwei Blätter zerstoßene Muskatblüte und eine viertel Unze Cayennepfeffer.

Wählen Sie ausgewachsene Pilzlappen und achten Sie darauf, dass sie bei einigermaßen trockener Witterung vollkommen frisch gesammelt sind; Denn wenn sie bei Regen gepflückt werden, besteht die Gefahr, dass der daraus hergestellte Ketchup muffig wird und nicht lange haltbar ist. Geben Sie eine Schicht davon in eine tiefe Pfanne, streuen Sie Salz darüber, dann eine weitere Schicht Pilze und so weiter im Wechsel. Lassen Sie sie einige Stunden stehen und zerkleinern Sie sie dann mit der Hand. Stellen Sie sie drei Tage lang an einen kühlen Ort, rühren Sie sie gelegentlich um und zerdrücken Sie sie gut, um möglichst viel Saft aus ihnen zu gewinnen. Messen Sie die Menge ab, ohne sie abzuseihen, und geben Sie zu jedem Liter die oben angegebene Menge an Gewürzen usw. hinzu. Geben Sie alles in ein Steingefäß, decken Sie es gut ab, stellen Sie es in einen Topf mit kochendem Wasser, stellen Sie es auf das Feuer und lassen Sie es kochen für drei Stunden. Halten Sie einen sauberen Schmortopf bereit; Geben Sie den Inhalt des Glases hinein und lassen Sie das Ganze eine halbe Stunde lang ganz sanft köcheln. Gießen Sie es in einen Krug, wo es bis zum nächsten Tag an einem kühlen Ort stehen sollte. Gießen Sie es dann in einen anderen Krug und seihen Sie es in sehr trockene, saubere Flaschen ab. Drücken Sie dabei die Pilze nicht aus. Fügen Sie zu jedem Pint Ketchup ein paar Tropfen Brandy hinzu. Achten Sie darauf, den Inhalt nicht zu schütteln, sondern lassen Sie den gesamten Bodensatz im Krug zurück; Den Korken gut verkorken und den Korken entweder versiegeln oder mit Kolophonium bestreichen, um die Luft vollständig auszuschließen. Wenn ein sehr klarer, heller Ketchup gewünscht wird, muss die Flüssigkeit durch ein sehr feines Haarsieb oder einen Flanellbeutel gesiebt werden, nachdem sie sehr vorsichtig abgegossen wurde; Wenn der Vorgang nicht erfolgreich ist, muss er wiederholt werden, bis der Liquor völlig klar ist. Es sollte gelegentlich untersucht werden, und wenn es verdirbt, sollte es mit ein paar Pfefferkörnern erneut aufgekocht werden. Gewürzbar von Anfang September bis Mitte Oktober, wenn dieser Ketchup hergestellt werden sollte.

Pilzketchup. – Wenn diese aromatische Zutat echt und gut zubereitet ist, ist sie für den erfahrenen Koch eine der nützlichsten Fertigsoßen, und bei ihrer Zubereitung sollten keine Mühen gescheut werden. Doppelter Ketchup entsteht durch Reduzieren der Flüssigkeit auf die Hälfte; Beispielsweise muss ein Liter auf einen halben Liter eingekocht werden. Dies geht weiter als gewöhnlicher Ketchup, da so wenig benötigt wird, um eine gute Menge Soße zu würzen. Der Bodensatz kann auch zur sofortigen Verwendung in Flaschen abgefüllt werden und eignet sich zum Würzen dicker Suppen oder Soßen.

Pilzketchup. —Verwenden Sie bei der Herstellung von Ketchup die allerbesten Pilze, ausgewachsen, aber jung und frisch, da es äußerst wichtig ist, einen guten Geschmack zu gewährleisten, den wir mit minderwertigen Pilzen nicht erreichen können. Nehmen Sie ein Maß an feinen frischen Pilzen und stellen Sie sicher, dass diese sauber und frei von Splitt sind. entstielen und schälen; Schneiden Sie sie in sehr dünne Scheiben und legen Sie eine Schicht davon auf den Boden einer tiefen Schüssel oder Terrine. Bestreuen Sie diese Schicht mit feinem Salz, geben Sie dann eine weitere Schicht hinein und bestreuen Sie sie wie zuvor mit Salz usw., bis die Schüssel voll ist. Der weiße, saftige Teil der Stiele kann ebenfalls im Ketchup verwendet werden, jedoch niemals der verfärbte, zähe oder fadenziehende Teil. Auf alles eine Schicht frische, in kleine Stücke geschnittene Walnussschale streuen. Stellen Sie das Gericht vier bis fünf Tage lang in einen kühlen Keller, damit der Inhalt mazerieren kann. Wenn die gesamte Masse fast flüssig ist, durch ein Sieb gießen. Anschließend die abgesiebte Flüssigkeit auf die Hälfte einkochen und das eigene Gewicht Kalbsfußgelee hinzufügen; Mit Piment oder weißem Pfeffer würzen und auf eine gelartige Konsistenz einkochen. In Steingutgläser füllen und an einem kühlen Ort aufbewahren.

Eingelegte Pilze. —Verwenden Sie ausreichend Essig, um die Pilze zu bedecken. zu jedem Liter Pilze zwei zerstampfte Keulen, eine Unze gemahlenen Pfeffer und Salz nach Geschmack. Wählen Sie junge Champignons zum Einlegen, reiben Sie die Haut mit einem Stück Flanell und Salz ab und schneiden Sie die Stiele ab; Wenn sie sehr groß sind, entfernen Sie die roten Kiemen und verwerfen Sie die schwarzen, da sie zu alt sind. Geben Sie sie in einen Schmortopf, streuen Sie Salz darüber und zerstoßen Sie Muskatblüte und Pfeffer im oben genannten Verhältnis. Schütteln Sie sie über einem klaren Feuer gut, bis die Flüssigkeit ausläuft, und lassen Sie sie dort, bis alles wieder getrocknet ist. dann so viel Essig hinzufügen, dass sie bedeckt sind; Lassen Sie es eine Minute lang köcheln und bewahren Sie es zur Verwendung in Steingefäßen auf. Bei Kälte mit der Blase festbinden und an einem trockenen Ort aufbewahren; Sie bleiben lange haltbar und gelten allgemein als lecker. Bereiten Sie dies gleichzeitig mit Ketchup zu, von Anfang September bis Mitte Oktober. [Die oben genannten Rezepte wurden von Frau George Amberley aus New York City bereitgestellt.]

www.ingramcontent.com/pod-product-compliance
Lightning Source LLC
LaVergne TN
LVHW091233180726
843490LV00006B/2062